DER MOSKAUER KREML

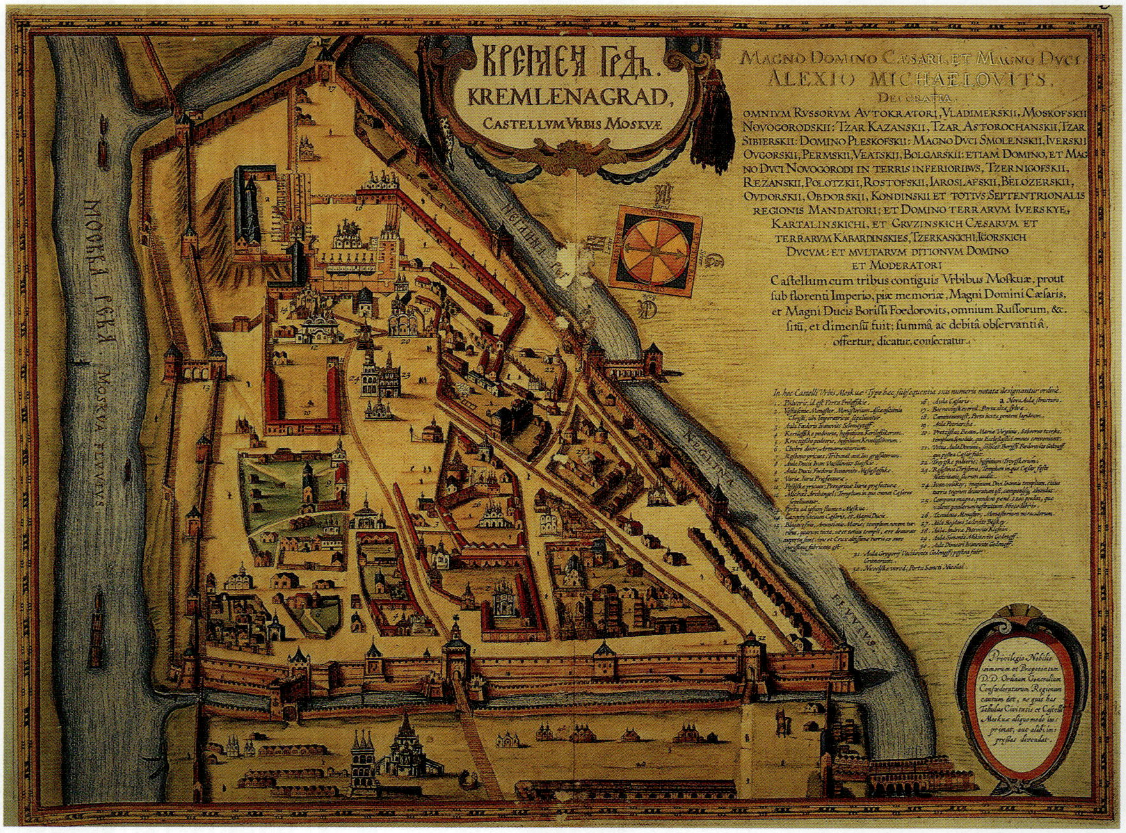

„Kremlenagrad". Grundriß. Anfang des 17.
Jahrhunderts. Erstmalig herausgegeben von G. Harrits in Amsterdam im Jahre 1813

Der Moskauer KREML

Deutsche Ausgabe

Sie passieren das Tor, gelangen in den Kreml und sehen sich inmitten einer großartigen Anhäufung von Palästen Kirchen und Klöstern, die sich die Einbildungskraft nur vorzustellen vermag. Sie klingen an keinen der uns bekannten Stile an: Das ist der russische, der Moskauer Stil. Auf Erden gibt es keine freiere, eigenartigere, von den Regeln in einem stärkeren Maße unabhängige, kurz und gut, keine romantischere Architektur, die es vermocht hätte, ihre wahnsinnigen Launen derart phantasievoll Wirklichkeit werden zu lassen.

THEOPHILES GAUTIER
Eine Reise nach Rußland. Paris, 1867

ART-RODNIK • *Moskau* • 2001

Text von:

I.F. POLYNINA, I.A. RODIMZEWA

Design von:

L.W. DENISSENKO
W. Ya. TSCHERNIJEWSKI

Fotos von:

N.N. RACHMANOW

Deutsch von:

I.P. GORODEZKI

ISBN 5–88896–069–1

Gedruckt in der Slowakei

Einleitung

Der Moskauer Kreml ist ein unikales kulturgeschichtliches Denkmal, ein herausragendes Meisterwerk der Architektur und der Kunst.

Beim Moskauer Kreml handelt es sich um den Mittelpunkt der Entstehung und Entwicklung des Russischen Staates, um den Schauplatz vieler dramatischen und ruhmreichen Ereignisse. Das in seiner Schönheit und Eigenart nur seltene Architekturensembles des Kremls bildete sich im Verlauf von Jahrhunderten heraus. Mit Fug und Recht wird es als eine in Stein gemeißelte Chronik bezeichnet, die in der Tiefe von Jahrhunderten wurzelt.

Sie ersten "Eintragungen" in diese Chronik stammen vom Fürsten Juri Dolgorukij, der im Jahre 1147 Moskau, das zu jener Zeit nur einen Teil des heutigen Kremlgeländes einnahm, besessen hat. Das von Mongolen und Tataren im Jahre 1218 in Schutt und Asche gelegte Moskau, erwachte zum neuen Leben, wuchs weiter und tut es bis auf den heutigen Tag. Die Eichenwände der Befestigungsanlagen, die der Fürst Iwan Kalita bis zum Jahre 1340 hatte errichten lassen, schützten die Hauptstadt eines Fürstentums, zu dem ein Großteil der russischen Lande gehörte. In der gleichen Zeit wurde im Kreml das erste Gotteshaus, die Mariä-Himmelfahrts-Kathedrale, die damals ganz klein war und nur einen einzigen Zwiebelturm aufzuweisen hatte, gebaut.

Die in den Jahren 1366 – 1367 aus weißem Stein errichteten Kremlmauern forderten das mächtige Mongolenreich heraus. Vom Kreml aus brach das vereinigte Heer der russischen Lande unter dem Oberbefehl des Moskauer Fürsten Dmitri Donskoi zu einem Feldzug gegen Mongolen und Tataren auf, und sein Sieg in der Schlacht auf dem Feld bei Kulikowo im Jahre 1380 leitete die Befreiung der Rus vom fremdländischen Joch ein. Seinen endgültigen Zusammenbruch manifestierten die Kremlmauern, welche unter dem Großfürsten Iwan III Ende des 15. Jahrhunderts erbaut wurden.

Nachdem Iwan III zum Selbstherrscher, zum Oberhaupt eines starken und unabhängigen Staates geworden war, begann er im Kreml mit umfangreichen Bauvorhaben: Außer den Festungsmauern und –türmen wurden dort der Facettenpalast als Festbau, die neue Mariä-Himmelfahrts-Kathedrale, die Erzengelkathedrale und die Mariä-Verkündigungskathedrale, die Gewandniederlegungskirche und der Glockenturm Iwan der Große errichtet. Im Ergebnis dessen bildete sich das Architekturensemble des Kathedralenplatzes heraus, dessen Abschluß vom Süden her zu jener Zeit das Gebäude des Kronenhofes bildete, in dem Schätze des Großfürsten aufbewahrt wurden.

Zu einem bedeutenden Meilenstein in der Geschichte Rußlands gestaltete sich die Annahme des Zarentitels durch Iwan IV, dessen Inthronisation in der Mariä-Himmelfahrts-Kathedrale im Jahre 1547 stattfand. Mit dem gleichen Jahr wird die erste Erwähnung der Rüstkammer als Aufbewahrungsortes der Zarenschätze datiert. Unter dem Zaren Iwan IV ging der Russische Staat daran, seine einstigen Herrscher, die Nachfolger von Mongolen und Tataren, zurückzudrängen. Zum Symbol dessen gestaltete sich die zu Ehren der Einnahme von Kasan vor dem Erlöser-Tor (Spasski-Tor), das zu jener Zeit noch das Frol-Tor hieß, errichtete Mariä-Schutz-und Fürbitte-Kathedrale am Graben (Kathedrale des seligen Basilius), ein weltberühmtes Denkmal der Moskauer Architektur.

Der mühevolle Kampf des russischen Volkes um die nationale Unabhängigkeit zu Beginn des 17. Jahrhunderts fand im Jahre 1612 durch die Befreiung des Kremls von den Anhängern des fremdländischen Zaren, eines Sohnes des polnischen Königs, seinen Abschluß. Das Land erstand erstaunlich rasch zum neuen Leben wieder: Schon im Jahre 1625 wurde der Spasskiturm aufgestockt und erlangte seine jetzige schlanke Silhouette, die den Festungsbauten ganz und gar nicht eigen ist.

In den anschießenden Jahrzehnten wurde die Architektur des Kremls durch solche Gebäude wie der Palast mit den Zarinnengemächern (Teremnoj-Palast) und die Palastkirchen sowie der Vergnügungspalast (Poteschnyj-Palast) bereichert. Auch die Gemächer des Patriarchen wurden vollständig umgebaut.

Als in der Epoche des Zaren Peter I die neue Landesmetropole, Sankt-Petersburg, erbaut wurde, blieb Moskau ein überaus wichtiges Zentrum der Staatsverwaltung und der Kreml ein Ort, in dem Verwaltungsgebäude konzentriert worden waren, so der Kronenhof, die Gebäude der Ämter aus den Jahren 1591 und 1673, das Arsenalgebäude und schließlich das unübertroffene Meisterwerk von M. F. Kasakow, das als Senatsgebäude (1776 – 1787) bekannt ist und das zur Zeit als Residenz des Präsidenten der Russischen Föderation dient.

Eine harte Prüfung für Rußland war der Krieg von 1812. Napoleon gelang es sogar, Moskau für eine kurze Zeit einzunehmen. Bei ihrem Rückzug sprengten Franzosen sogar einige Gebäude und Türme des Kremls, die bereits nach

1. *Errichtung der Mauern und der Türme des Kremls, von Welikij Possad* (dem Großen Vorort) *aus betrachtet. Eine Miniatur aus der Chronik „Lizewoi letopisnyj swod“, 16. Jahrhundert*

2. *Umzug vor dem Spasskitor auf dem Roten Platz. Eine Miniatur aus dem „Buch über die Wahl Michail Fjodorowitsch Romanows zum Zaren“. 1672 – 1673.*

2

1

3

dem Eimarsch der russischen Armee in Paris wiederhergestellt wurden.

Im Kreml erblickte im Jahre 1818 Alexander II das Licht der Welt, ein Kaiser, der die Leibeigenschaft aufhob, ein Selbstherrscher, welcher Umgestaltungen in die Tat umsetzte, die die Segel des Russischen Staates mit frischem Wind füllten.

In der Regierungszeit Nikolaus I wurde im Kreml der Große Kremlpalast, ein wahres Denkmal der Größe des kaiserlichen Rußland, errichtet.

4

4. *Kaiserin Katharina II auf dem Monomach-Thron in der Mariä-Himmelfahrts-Kathedrale am Tag ihrer Inthronisation. Aus dem Album von Gravüren zur Krönung der Kaiserin Katharina II*

5. *Verkündung des Manifestes über die Krönung des Kaisers Nikolaus I auf dem Roten Platz in Moskau. Eine Gravüre aus dem Krönungsalbum, 1828*

6. *Kaiser Alexander II auf der Roten Treppe* (der Paradetreppe) *am Tage seiner Inthronisation. Aus dem Album zur Krönung des Kaisers Alexander II*

5

3. *Krönung des Zaren Michail Fjodorowitsch Romanow in der Mariä-Himmelfahrts-Kathedrale des Moskauer Kremls. Eine Miniatur aus dem „Buch über die Wahl Michail Fjodorowitsch Romanows zum Zaren". 1672 – 1673*

Im März 1918 wurde Moskau erneut zur Landeshauptstadt und der Kreml zur Residenz der obersten Staatsmacht, die ihn selbst im Jahre 1941 nicht verließ, da die deutschfaschistischen Truppen Moskaus Vorfeld erreicht und feindliche Flugzeuge lediglich 10 Flugminuten benötigt hatten, um den Roten Platz zu erreichen, auf dem J. W. Stalin am 7. November 1941 zu den Truppen sprach, die zur traditionellen Parade anläßlich des Jahrestages der Oktoberrevolution aufmarschiert worden waren. Nicht einmal vier Jahre zogen ins Land, und über den Roten Platz marschierten im Rahmen der Siegesparade Truppen, die das Nazideutschland aufs Haupt geschlagen hatten, und Fahnen des bezwungenen Gegners wurden am Fuße des Mausoleums hingeworfen.

Seit Jahrhunderten ist der Kreml das Zentrum und das Sinnbild des Russischen Staates. Stets hat man zur Ausführung von Bauvorhaben dort die allerbesten russischen und ausländischen Architekten verpflichtet, die es verstanden haben, einen architekturgeschichtlichen Komplex ins Leben zu rufen und zu erhalten, der in Europa seinesgleichen sucht. Der Moskauer Kreml ist, inklusive der Gebäude, die vom 14. bis zum 20. Jahrhundert errichtet worden sind, von der UNESCO in das Verzeichnis von Objekten eingetragen worden, die zum weltweiten Kultur- und Naturerbe gehören.

6

7

MAUERN UND TÜRME

Die uralte Festung, die den Grundstein für die Stadt Moskau bildete, wurde vor mehr als achthundert Jahren auf dem hohen Borowizki-Hügel erbaut.

Vom Süden her schützte die Moskwa die Zugänge zu dieser Burg, vom Westen her erfüllte die Neglinnaja die gleiche Aufgabe. Die ersten Holzbefestigungen wurden in den Jahren, da Iwan Kalita als Fürst in Moskau regierte, gegen Schutzwände und -türme aus Eichenstämmen ausgewechselt. Unter Dmitri Donskoi wurde der Kreml zu einer Befestigungsanlage aus weißem Stein. Die zur Zeit bestehenden Mauern und Türme wurden in den 80er und 90er Jahren des 15. Jahrhunderts errichtet, als italienische Architekten in der Regierungszeit des Großfürsten Iwan III grandiose Arbeiten zum Aufbau des Kremls ausführten. Die Errichtung der unein-

nehmbaren Mauern und Türme wurde im Jahre 1495 abgeschlossen, wodurch das Gelände des Kremls in seiner heutigen Größe gestaltet wurde.

Die Kremlmauern, die den Borowizki-Hügel umgeben, erstrecken sich über 2,235 km der Moskwa, den Alexandergarten und den Roten Platz entlang. Die Stärke der Mauern beträgt von 3,5 bis 6,5 m und ihre Höhe schwankt je nach dem jeweiligen Relief zwischen 5 und 19 m. Der Kreml zählt 19 Türme, die im Umriß der Mauern angelegt worden sind, sowie einen Turm, der als Brückenkopf konzipiert ist.

Die Mauern und die Türme wurden nach allen Regeln der damaligen Kriegskunst errichtet. Oberhalb der Mauern verläuft die bis zu 4,5 m breite Gefechtsbühne, die durch Zinken mit schmalen Schießscharten geschützt ist.

An den Ecken des Kremls, der auf dem Grundriß die Form eines Dreiecks aufzuweisen hat, haben die Bauleute zwei zylinderförmige

7. *Der Moskauer Kreml. Ansicht vom Beklemischew-turm aus*

8

8. *Der Konstantino-Jeleninskaja-Turm, der Nabatnaja-Turm und der Spasskiturm*

9. *Der Zarenturm, der Nabatnaja-Turm und der Konstantino-Jeleninskaja Turm*

10. *Rubinroter Stern auf dem Spasskiturm*

Türme und einen Turm, der auf dem Grundriß sechzehn Facetten aufweist, errichtet, während entlang der Mauern viereckige Türme angesetzt worden sind. In den Ecktürmen befanden sich Wasserbrunnen. Von den sechs Durchfahrtstürmen mit den vor dem jeweiligen Tor befindlichen Befestigungsanlagen ist heutzutage nur der im Jahre 1516 erbaute Kutafjaturm gegenüber dem Dreifaltigkeitstor erhalten geblieben. Die hohen Steinzelte an allen Türmen, vom Nikolausturm abgesehen, wurden bis Ende des 17. Jahrhunderts errichtet. Die Zelte des Spasski-, des Nikolaus-, des Borowizki- und des Dreifaltigkeitsturmes wurden von den Wappen des Kaiserreichs Rußland, den zweiköpfigen Adlern, gekrönt. Im Jahre 1935 wurden an ihrer Stelle mit Halbedelsteinen geschmückte fünfzackige Sterne aufgesetzt, die zwei Jahre später gegen leuchtende Sterne aus Rubinglas ausgewechselt wurden, wobei ein ählicher Stern nunmehr auch den Wodowswod-

9

10

najaturm (den Wasserheber-Turm) schmückte. Das Gewicht der Sterne übersteigt 1 Tonne, und ihre Größe schwankt zwischen 3 und 3,75 m.

Der Spasskiturm, vom Mailander Architekten Pietro Antonio Solari im Jahre 1491 errichtet, zählt zu den schönsten Kremltürmen. Bis zum Jahre 1658 hieß der Turm der Frolturm, und im Anschluß daran erhielt er den Namen "Spasski", zu Ehren der Ikone von "Spas" (dem Erlöser), die über dessen Tor angebracht worden war. Der Turm zählt zehn Stockwerke und ist mit geschnitzten Details aus weißem Stein verziert; seine Höhe übersteigt 67 m. Im 16. und im 17. Jahrhundert diente das Spasskitor zu Festumzügen des Zaren, festlichen Aufmärschen des Patriarchen sowie zu Empfängen ausländischer Botschafter.

In den Jahren 1624 – 1625 wurde der Spasskiturm aufgestockt. Die Arbeiten wurden von Bashen Ogurzow und dem Engländer Christopher Halloway geleitet. In der gleichen Zeit ließ Hal-

11. *Der Beklemischewturm.*

11

12

loway an diesem Turm, einen Rang tiefer, als es jetzt der Fall ist, eine Uhr mit Glockenspiel aufstellen (der ersten Erwähnung einer Uhr am Spasskiturm begegnet man im Jahre 1585). Halloways Uhr ging recht bald kaputt, und wurde im Auftrage Peters I gegen eine neue Uhr ausgewechselt, die bis zum Jahre 1737 ihren Dienst verrichtete.

Ihr heutiges Aussehen und die jetzigen musikalischen Möglichkeiten erlangte die Glockenuhr im großen und ganzen nach der "vollständigen Rekonstruktion", die von der Firma der Gebrüder Butenop in den Jahren 1851 – 1852 vorgenommen worden war. Das Uhrwerk nimmt drei Stockwerke in Anspruch und wird durch drei Gewichte mit einer Masse von je 160 bis 224 kg in Lauf gesetzt. Das Gesamtgewicht der Uhr beläuft sich auf ca. 25 Tonnen. Der Durchmesser der Zifferblätter, die sich an den

14

13

12. *Die Südmauer des Kremls. Ansicht vom Wodowswodnaja-Turm aus*

13. *Der Tainizkaja-Turm*

14. *Der Konstantino-Jeleninskaja-Turm*

vier Seiten des Turmes befinden, übersteigt 6 m, die Länge des Stundenzeigers beträgt etwas weniger als 3 m, während die des Minutenzeigers 3,28 m ausmacht.

Gleichzeitig mit dem Spasskiturm wurde auch der andere Durchfahrtsturm, der Nikolausturm, angelegt. Seinen Namen hat dieser Turm der Ikone des Heiligen Nikolaus des Wundertäters zu verdanken, die über dessen Tor gemalt worden ist. Das heute bestehende Zelt ist in den Jahren 1816 – 1817 im pseudogotischen Stil errichtet worden. Neben dem Arsenalgebäude befindet sich der im Jahre 1492 errichtete Eckturm, der auf dem Grundriß sechzehn Facetten aufzuweisen hat. In dieser wuchtigen Verteidigungsanlage, deren Mauern bis zu 4 Meter stark sind, ist ein Quellbrunnen erhalten geblieben, der bis auf den heutigen Tag funktioniert. Den Namen Arsenaleckturm erhielt sie im 18. Jahrhundert, nachdem auf dem Territorium des Kremls neben diesem Turm das Arsenalgebäude errichtet worden war.

Der höchste von den Türmen, die zum Alexandergarten hinausgehen, ist der der Dreifaltigkeitsturm. Seine Höhe von seiten des Gartens beträgt mehr als 76 m und zusammen mit dem Stern macht sie 80 m aus. In den Jahren 1495 – 1499 errichtet, hat dieser Turm seinen Namen dem Haus des Klosters der Dreifaltigkeit und des Heiligen Sergius mit Kirche und Absteigequartier zu verdanken, das sich auf dem Kremlgelände in seiner Nähe befunden hat. Im Jahre 1685 baute man ein Turmzelt mit gotischen Bögen, Türmchen und Wetterfahnen hinzu. Der nächste Turm, der auf den Dreifaltigkeitsturm folgt, ist der Kommandantenturm. In den früheren Jahren befand sich dahinter, im Poteschnyj-Palast (dem Vergnügungsschloß) die Residenz des Stadtkommandanten von Moskau. In der unmittelbaren Nachbarschaft der Rüstkammer liegt der Rüstturm (Orushejnaja-Turm).

Der benachbarte Durchfahrtsturm hat seinen Namen "Borowizkiturm", einem "Bor", d. h. einem Nadelwald, zu verdanken, der einst den Südwesthang des Hügels bedeckt hatte, auf dem der Kreml errichtet worden ist. Über diesen Turm erfolgte die Einfahrt zum Wirtschaftsteil des Monarchenhofes: In der Nähe des Borowizkiturmes befanden sich Pferdestallungen, Getreide- und Futtermittellager. Der nächste Turm, ebenfalls ein Eckturm, steht am Ufer der Moskwa. In der ersten Hälfte

15. *Der Kutafja-Turm, die Dreifaltigkeitsbrücke und der Dreifaltigkeitsturm*

16. *Die Ostmauer des Kremls. Ansicht des Senatsturmes und des Nikolausturmes*

15

16

Peterturm), die zu den Zeiten Katharina II während der Vorbereitungen auf die Errichtung des grandiosen Kremlpalastes nach einem Entwurf des Architekten W.I. Bashenow auseinandergenommen wurden. In der Folgezeit baute man sie nach alten Zeichnungen mit nur unbedeutenden Abänderungen wieder auf. Vom Verteidigungsstandpunkt aus war der in der Nähe der heutigen Moskworezki-Brücke liegende Beklemischew-Eckturm, welcher nach dem Bojaren Beklemischew genannt wurde, der im Kreml eine Reihe von Höfen besessen hatte, von einer besonderen Bedeutung.

Hinter dem Beklemischewturm liegt der Konstantino-Jeleninskaja-Turm (der Konstantin- und

17. *Der Mittlere Arsenalturm.*

17

18

18. *Der Nikolausturm. Elemente des Dekors*

des 17. Jahrhunderts wurden dort Pumpen und Behälter untergebracht, die zur Wasserzuführung aus der Moskwa in den Kremlpalast des Zaren dienten. Es handelte sich um das erste Wasserhebewerk in dieser Stadt. Seit jener Zeit heißt der Turm der Wodowswodnaja-Turm. Im Jahre 1812 wurde dieser Turm von den zurückweichenden Truppen Napoleons gesprengt und später unter der Anleitung des bekannten Architekten O.I. Bauvais wiederhergestellt.

Die Türme, die sich von seiten der Moskwa befinden, heißen der Blagoweststschenskaja-Turm (der Verkündigungsturm) und der darauffolgende Tainizkaja-Turm, den Anton Frjasin im Jahre 1485 errichtet hat. Der Tainizkaja-Turm (von "taina", d.h. Geheimnis) beherbergte einen Brunnen sowie einen geheimen Ausgang zum Fluß für den Fall einer Belagerung. Weiter folgten drei Türme (der Erste und der Zweite Besymjannaja-Turm, d.h. der Namenlose Turm, und der Petrowskaja-Turm, der

19

20

21

19. *Der Borowizkiturm*

20. *Der Kommandantenturm*

21. *Der Wodowswodnaja-Turm und die Erlöserkathedrale*

22. *Kathedralenplatz*

Helene-Turm), der im Jahre 1490 an der Stelle eines Turmes aus den Zeiten von Dmitri Donskoi errichtet wurde. Durch diesen Turm zog Dmitri nach dem Sieg in der Schlacht bei Kulikowo feierlich in den Kreml ein. Seinen Namen hat der Turm der Konstantin- und Helene-Kirche zu verdanken, die unweit davon im Kreml gestanden hat.

Näher an den Roten Platz liegt der Nabatnaja-Turm (der Sturmglockenturm), dessen Glocke Brände bzw. wichtige Ereignisse in der Stadt verkündete. Nach der Niederschlagung der "Pestaufruhr" von 1771 wurde die Sturmglocke, welche die Aufständischen zusammengerufen hatte, abgenommen und nach Sibirien verbannt. An diesem Abschnitt der Festungsmauer gibt es zwischen dem Nabatnaja-Turm und dem Spasskiturm einen kleinen Mauerturm, der als Zarenturm bezeichnet wird. Seine Höhe beträgt zusammen mit der Wetterfahne weniger als 17 m; einst hat er Glocken des Feuerwehrdienstes beherbergt.

23

24

23. *Der Kathedralenplatz*

24. *Ausblick auf die Paradetreppe und den Glockenturm Iwan der Große*

25. *Kuppeln der Mariä-Verkündigungs-Kathedrale, der Erzengelkathedrale und der Mariä-Himmelfahrts-Kathedrale sowie des Glockenturms Iwan der Große*

KATHEDRALENPLATZ

Der Kathedralenplatz ist der Hauptplatz des Kremls und einer der ältesten Plätze von Moskau. Hier befinden sich großartige Denkmäler der altrussischen Baukunst. Die Mariä-Himmelfahrts-Kathedrale, die Mariä-Verkündigungs-Kathedrale und die Erzengelkathedrale, die Gewandniederlegungskirche, das Ensemble des Glockenturmes Iwan der Große, der Facettenpalast und der Patriarchenpalast bilden einen unnachahmlichen Architekturkomplex.

Der Kathedralenplatz war Augenzeuge vieler geschichtlichen Ereignisse im Leben unseres Staates.

Hier fanden Festaufzüge anläßlich bedeutender kirchlicher Feiertage, prunkvolle Zeremonien der Inthronisationen und Krönungen statt. Vom Kathedralenplatz aus stiegen Botschafter fremder Staaten zum Palast des Zaren hinauf.

25 ▷

26

27

26. *Mariä-Himmelfahrts-Kathedrale. 1475 – 1479. Architekt: Aristotele Fioravanti*

27. *Verbeugungskreuz an der Nordseite der Mariä-Himmelfahrts-Kathedrale*

28. *Mariä-Himmelfahrtskathedrale. Das Mittelschiff mit der Ikonenwand*

MARIÄ-HIMMELFAHRTS-KATHEDRALE

Mit der Errichtung des wichtigsten Kirchengebäudes, des Kathedraldoms, des Zentrums der russischen orthodoxen Kirche, der Mariä-Himmelfahrts-Kathedrale, wurde der bekannte italienische Architekt und Ingenieur Aristotele Fioravanti beauftragt. Das Bauvorhaben, das an der Stelle der ersten Steinkatedrale des Moskauer Kremls, die ebenfalls Mariä-Himmelfahrts-Kathedrale (1326 – 1327) geheißen hatte und inzwischen in einem hohen Maße baufällig geworden war, wurde im Jahre 1479 zum Abschluß gebracht.

"Wie aus einem Stein gemeißelt", so exakt und bildhaft, so schilderte ein Chronist seinen Eindruck vom Anblick des Gebäudes, das einen durch seine Ganzheit, Feierlichkeit und Majestät überwältigt.

Die Mariä-Himmelfahrts-Katedrale verkörperte gleichsam die Idee von der Einheit des Russischen Landes und brachte das Streben der Moskauer Fürsten danach zum Ausdruck, die Macht und Stärke des im Entstehen begriffenen zentralisierten Staates zu unterstreichen und zu behaupten.

Die Strenge der Proportionen dieses Bauwerkes, die wuchtigen fünf Kuppeln, die Glätte der Wände, der ruhige Rhythmus der halbrunden Portale, Fenster und der Abschlußteile von Fassaden lassen den Eindruck von einer strengen und mutigen Kraft entstehen.

Die Innenraumgestaltung der Kathedrale, für die eine für das Mittelalter außergewöhnliche Weitläufigkeit sowie Überfluß an Licht und Luft kennzeichnend sind, erinnert an einen riesengroßen Festsaal mit vier runden Stützpfeilern.

Die Bemalung der Kathedrale bedeckt, einem prachtvollen farbenprächtigen Teppich in warmen rotbraunen Farbtönen gleich, die Wände, die Gewölbe, die Fenstergewände und die Stützpfeiler. Bei den Freskenkompositionen aus dem 15. bis 17. Jahrhundert handelt es sich um eine kontinuierliche, inhaltsvolle Schilderung. Die Wandmalerei wurde wiederholt erneuert und

28 ▷

29

29. *Mariä-Himmelfahrts-Kathedrale. Interieur*

30

31

32

30. *Gottesmutter Hodegetria. 12. – 14. Jahrhundert*

31. *Zelt für die Aufbewahrung von kirchlichen Reliquien mit dem Sarg des Metropoliten Hermogenes. 1624. Moskau*

32. *Betplatz des Zaren (der Monomach-Thron). 1551. Moskau*

übermalt. Durch Restaurationsarbeiten, die in den 60er Jahren des 20. Jahrhunderts ausgeführt wurden, konnte ihr ursprüngliches Aussehen wiederhergestellt werden.

Die Mariä-Himmelfahrts-Kathedrale hat seit ihrem Bestehen den Oberhäuptern der Russischen orthodoxen Kirche, Metropoliten und Patriarchen, als letzte Ruhestätte gedient. Im Peter- und Paul-Nebenaltar befinden sich die Gruften des Metropoliten Pjotr (verstorben 1326) und dessen Nachfolgers Theognost (verstorben 1353). Die restlichen Gruften befinden sich die Wände der Kathedrale entlang. In einem durchbrochenen Zelt, vom kunstfertigen Meister A.Swertschkow im Jahre 1624 aus Bronze gegossen, ruht die sterbliche Hülle des Patriarchen Hermogenes, der Anfang des 17. Jahrhunderts gegen die polnische Intervention gekämpft hat.

In der Kathedrale befindet sich eine überaus reiche Kollektion von Ikonen aus dem 12. bis 17.

34

33. *Bemalungen der Zentralapsis*

34. *Freskenkomposition „Lobgesang auf die Heilige Jungfrau Maria“ aus dem Lobgesang-Nebenaltar der Mariä-Himmelfahrts-Kathedrale. Ende des 15. – Anfang des 16. Jahrhunderts*

35. *Peter-Paul-Nebenaltar mit der Gruft des Metropoliten Pjotr*

◁ 33

35

36. *Der Heilige Georg. Ende des 11. – Anfang des 12. Jahrhunderts. Moskau*

37. *Erlöser mit dem feurigen Auge. Mitte des 14. Jahrhunderts*

38. *Dionisij (?) Metropolit Pjotr in einer Vitenszene. Ende des 15. – Anfang des 16. Jahrhunderts. Moskau*

36

Jahrhundert, darunter "Georg, der Krieger" (Ende des 11. – Anfang des 12. Jahrhunderts), "Erlöser mit goldenem Haar" (Anfang des 13. Jahrhunderts), "Erlöser mit feurigem Auge", "Erlöser, ein Schulterbild" (beide Mitte des 14. Jahrhunderts), "Apostel Peter und Paul", "Metropolit Pjotr mit Vitenszenen" (beide Ende des 14. – Anfang des 15. Jahrhunderts), die Tempelikone "Himmelfahrt der Gottesmutter" (rund 1479) und viele andere.

Seit Jahrhunderten wurde die Kathedrale von den besten Malern, Juwelieren, Schnitzern und Stickerinnen ausgestaltet. Zu den legendären Reliquien der Mariä-Himmelfahrts-Kathedrale zählt der Zarenplatz Iwan des Schrecklichen, oder der Monomach-Thron, 1551 errichtet. Der Thron ist mit bizarren Reliefschnitzereien reichlich geschmückt, seinen Abschluß bildet ein schmucker Kranz, er ist mit bogenförmigen Gürteln, Kokoschniks sowie mit riesengroßen

Blüten und Gefäßen ornamentiert. Die Bezeichnung des Throns hängt damit zusammen, daß drei seiner Wände mit Basreliefkompositionen ausgefüllt sind, die den Bezug der Zarenuntensilien, der Mütze und der Barmen, vom Konstantinopeler Kaiser belegen und die These von der Kontinuität der Macht von den Kaisern der Byzanz über die Fürsten von Kiew und Wladimir zu den Moskauern Herrschern veranschaulichen sollen.

Unter den Kronleuchtern hebt sich der mittlere, "Ernte" genannt, hervor, der wie die Überlieferung berichtet, aus dem Silber gefertigt worden sein soll, das russische Soldaten im Jahre 1812 den zurückweichenden Truppen Napoleons abgerungen haben.

Die Mariä-Himmelfahrts-Kathedrale war nicht nur die bedeutendste Kathedrale, sondern auch ein überaus wichtiges öffentliches Gebäude. Hier fanden im 15. bis 19. Jahrhundert sämtliche

37

38

Inthronisationen und Krönungen statt, wurden Metropoliten- und Patriarchen zu ihrer Würde erhoben und überaus wichtige Dokumente des Staates aufbewahrt.

Der Gottesdienst in der Mariä-Himmelfahrts-Kathedrale wurde im Jahre 1990 wieder aufgenommen. In den Tagen, da die wichtigsten Kirchenfeste begangen werden, zelebriert dort der Patriarch von Moskau und ganz Rußland Alexij II den Gottesdienst.

39

39. *Evangelium. 1499. Moskau. Das kleine Zion. 1486. Moskau*

40

40. *Erzengelkathedrale. 1505 – 1508. Architekt: Alevis Nowyj*

41. *Grüfte der Moskauer Großfürsten Wassili III Iwanowitsch (gest. 1533), Iwan III Wassiljewitsch (gest. 1505) und Wassili II Tjomnyj (der Geblendete) (gest. 1462)*

42. *Erzengelkathedrale. Interieur. Ansicht der Westwand von der Ikonostase aus*

ERZENGELKATHEDRALE

Im Südostteil des Kathedralenplatzes, an der südlichen Böschungskante des Borowizki-Hügels hat der italienische Architekt Alevis Nowyj (der Neue) in den Jahren 1505 – 1508 das Gebäude der Erzengelkathedrale errichtet. Sie wurde, ebenso wie die Kathedrale, die hier zuvor gestanden hatte, dem Erzengel Michael, dem himmlischen Schirmherren des russischen Militärs, geweiht. Der Baumeister befolgte die Traditionen der russischen Baukunst, bewahrte den charakteristischen fünfkuppeligen Aufbau des Gotteshauses, verlieh der äußeren Ausgestaltung des Gebäudes jedoch Züge der venezianischen Palastarchitektur der Renaissance-Epoche.

Die Wandmalereien der Kathedrale haben eine jahrhundertealte Geschichte aufzuweisen. Zweiundneunzig Kunstmaler bemalten die Kathedrale in den Jahren 1652 – 1666, wobei sie das System der Anordnung sowie die Sujets der Bemalung aus dem 16. Jahrhundert beibehielten. Hier kann man Kompositionen erblicken, welche zahlreiche Großtaten des Erzengels Michael schildern, biblische Szenen sowie eine eigenartige Porträtsgalerie, Darstellungen der Fürsten von Kiew, Wladimir und Moskau,

41

42 ▷

43

44

43. *Erzengelkathedrale. Ikonostase. 1679 – 1681*

44. *Gruft des Erbauers der Kathedrale, des Moskauer Großfürsten Iwan III*

45. *Szenen aus dem Leben von Heiligen Uwar, Kleopatra und Johannes. Freske. 1564 – 1565*

46. *Skulpturbildnis des Zaren Iwan IV (des Schrecklichen)*

als Nachweis für die Kontinuität und die Rechtmäßigkeit der Macht der Herrscher.

Einen besonderen Platz in der Ikonenwand, welche im Jahre 1681 abgeschlossen worden ist, nimmt die Ikone "Erzengel Michael mit den Taten der Engel" (zweite Hälfte der 90er Jahre des 14. Jahrhunderts), ein Meisterwerk der altrussischen Ikonenmalerei, ein.

Bis Ende des 17. Jahrhunderts hat die Kathedrale als letzte Ruhestätte der Moskauer herrschenden Dynastie gedient. Hier befinden sich 45 Grabmale, 2 Gedenkplatten und zwei Grabstätten in Reliquienkästen. Die eigentlichen Grüfte liegen unter dem Fußboden der Kathedrale, oben sind aber Grabmale aus Ziegelstein, mit Platten aus weißem Stein verkleidet und mit geschnitztem Pflanzenorhament sowie mit Inschriften verziert, aufgestellt worden. Im Jahre 1906 wurden die Grabmale mit verglasten Kupfermänteln versehen. In dieser Kathedrale sind beigesetzt worden: der Fürst Iwan Kalita, der das Sammeln der russischen Lande um Moskau eingeleitet hat, die Helden der Schlacht bei Kulikowo, die Fürsten Dmitri Donskoi und Wladimir Andrejewitsch. Hier ist auch der Erbauer des Kremls, der Großfürst Iwan III bestattet worden.

45

Hinter der Ikonostase ruht die sterbliche Hülle des Zaren Iwan des Schrecklichen, der neben dem von ihm getöteten Sohn Iwan beigesetzt worden ist, und am südöstlichen Stützpfeiler befinden sich, von einem gegossenen Gitter umgeben, die Gruft seines jüngsten Sohnes, Zarewitsch Dmitri, der im Jahre 1591 in Uglitsch umgekommen ist, wie auch die Grüfte von mehreren Vertretern der Romanow-Dynastie. Vom Peter I angefangen wurden die Kaiser von Rußland in der Peter-Pauls-Kathedrale zu Sankt-Petersburg beigesetzt, nur der Kaiser Peter II, der im Jahre 1730 in Moskau verschieden war, wurde in der Erzengelkathedrale bestattet.

46

47

47. *„Potir"* (der Kelch, in welchem während des Gottesdienstes die heiligen Sakramente emporgehoben werden) *und Weihrauchgefäß. 1598*

48. *Fürstinnengräber aus dem 15. – 17. Jahrhundert im Kellergeschoß der Erzengelkathedrale*

48

49. *Mariä-Verkündigungs-Kathedrale. 1484 – 1489*

50. *Mariä-Verkündigungs-Kathedrale. Jaspis-Fußboden. Ausschnutt*

49

MARIÄ-VERKÜNDIGUNGS-KATHEDRALE

50

Im Südteil des Kathedralenplatzes, neben dem Großen Kremlpalast, befindet sich die goldkuppelige Mariä-Verkündigungs-Kathedrale. In der zweiten Hälfte des 14. Jahrhunderts hat an der Stelle, an der die heutige Kathedrale steht, eine kleinere Steinkirche mit einer Kuppel gelegen, die mehrmals umgebaut und rekonstruiert wurde. Auf Geheiß des Großfürsten Iwan III wurde in den Jahren 1484 – 1489 auf den Überresten der alten Bauten eine kleinere dreikuppelige Kathedrale aus Ziegelstein errichtet, die von galerieförmigen Vorhallen mit Kellergeschoß und Treppenstufen umgeben war. Durch den Brand im Jahre 1547 wurde die Kathedrale stark in Mitleidenschaft gezogen. Im Zuge der Rekonstruktion ließ man in den 60er und den 70er Jahren des 17. Jahrhunderts über den Ecken der Galerie vier Nebenaltäre in Form von kleineren einkuppeligen Kirchen anbauen. über dem mittleren Teil der Kathedrale wurden an der Westseite zwei weitere Kuppeln errichtet, wodurch die einst zierliche dreikuppelige Kathedrale zu einem Tempel mit neun Kuppeln wurde. Zu jener Zeit wurden auch die Kuppeln und das Dach mit vergoldeten Kupferblechen gedeckt. Die schlanken, leichten Proportionen, der Reichtum und die Vielfalt der architektonischen Formen und die malerische Kombination der weißen Farbe der Mauern mit dem Gold der Kuppeln verleihen der Mariä-Verkündigungs-Kathedrale Feierlichkeit und Eleganz.

Der Innenraum der Kathedrale ist alles andere als groß. An der Westmauer befindet sich eine breite Empore, zu der von unten eine Treppe

51. *Interieur mit einem Ausschnitt der Ikonostase*

51 ▷

52

52. *Mariä-Verkündigungs-Kathedrale. Interieur*

53. *„Einnahme Jerichos". Bemalung der Nord-Freitreppe. 16. Jahrhundert*

54. *Nordtür mit „Goldauftragung". Mitte des 16. Jahrhunderts*

55. *Mariä-Verkündigungs-Kathedrale. Ikonostase aus dem Nebenaltar „Kathedrale des Erzengels Gabriel". 16. Jahrhundert*

führt, die in der Stärke der Mauer untergebracht worden ist. Der in seiner Schönheit nur selten vorkommende Fußboden der Kathedrale ist aus kleineren Feuersteinblöcken mit Ahat- und Jaspis-Einsprenkelungen zusammengesetzt worden.

Die Bemalung der Kathedrale enthält eine Vielzahl von evangelischen Sujets, welche zu mehreren Zyklen zusammengefaßt worden sind, so die Festtage, die Leiden, die Wundertaten und die Parabeln, sowie die Erscheinungen Christi. Darüber hinaus sind in die Wandbemalung zahlreiche Darstellungen von biblischen Propheten und Gerechten, Aposteln, Bischöfen, Märtyrern und Märtyrerinnen, Mönchen und Kriegern aufgenommen worden. In den Kuppeln sind die Heiligenbilder: Christus der Alleshalter, Gottesmutter, die Verkündigung und Herr Zebaoth, untergebracht. Den wichtigsten Platz im Mittelschiff der Mariä-Verkündigungs-Kathedrale nehmen ausführliche Illustrationen zu verschiedenen Textab-

53

54

schnitten der Apokalypse ein. An den Stützpfeilern sind oberhalb und unterhalb der Szenen aus der Apokalypse Darstellungen von Heiligen, byzantinischen Kaisern und russischen Fürsten, angebracht worden, die in der Rus besonders hoch geehrt werden. Unter ihnen der Kaiser Konstantin und dessen Mutter Helene, die Fürstin Olga und deren Enkel, der Kiewer Fürst Wladimir Swjatoslawowitsch, Georg der Sieger und Demetrios von Salonichi, die Fürsten Boris und Gleb, Wladimir Monomach, Alexander Newski, Iwan Kalita, um bloß einige davon zu nennen.

Die in den Jahren 1977 – 1984 vorgenommene Aufdeckung der Fresken der Mariä-Verkündigungs-Kathedrale hat die Forscher zu der Schlußfolgerung befähigt, daß sich das gesamte Ensemble der Bemalungen gleichzeitig, und zwar in der Zeit von 1547 bis 1551 geformt hat.

Aufschlußreich ist die Bemalung der Galerien der Mariä-Verkündigungs-Kathedrale, die als einer der Eingänge zum Zarenpalast gedient haben. Hier ist die mehr als 200 Figuren zählende Komposition "Die Wurzeln Jesse" untergebracht, der die biblische Geneologie von Jesus Christus zugrunde liegt. Der "Stammbaum" nimmt sämtliche Gewölbe und einen bedeutenden Teil der Wände in Anspruch. An den Fresken der Galerien sind russische Fürsten und antike Philosophen dargestellt.

Einmalig, was den künstlerischen Wert anbelangt, ist die Ikonostase der Mariä-Verkündigungs-

55

56, 57. *Theophanos der Grieche (?). Gottesmutter. Johannes der Vorläufer. Ikonen aus dem sogananten „Deissusnyj Tschin“ der Ikonostase der Mariä-Verkündigungs-Kathedrale. Letztes Viertel des 14. Jahrhunderts. Moskau*

Kathedrale, deren Grundstock Ikonen aus der Zeit Anfang des 14. und Anfang des 15. Jahrhunderts bilden. Unter ihnen wäre besonders das Bildnis des Erlösers nebst der Mutter Gottes und je zwei Erzengeln, Aposteln, Kirchenvätern und Märtyrern hervorzuheben, das Fachleute zu den besten Denkmälern der byzantinischen Kunst in der Zeit zweite Hälfte bis Ende des 14. Jahrhunderts rechnen.

Ende des 19. Jahrhunderts wurde für die Mariä-Verkündigungs-Kathedrale die sechsrängige Ikonenwand gefertigt, die bis ins unser Heute erhalten geblieben ist; sie ist an der rechten Seite mit vergoldetem Messing beschlagen und mit geprägtem Ornament und Emaille verziert.

Die Mariä-Verkündigungs-Kathedrale diente als Hauskirche der russischen Großfürsten und Zaren, bis man im Jahre 1635 bei den Wohngemächern des Zaren die Kirche des Erlösers hinter dem Goldenen Gitter errichtet hat, und in den Chroniken wird die Kathedrale des öfteren

56

57

58. *Andrej Rubljow (?). Verkündigung; Weihnachten. Ikonen aus der Festtagsreihe der Ikonostase der Mariä-Verkündigungs-Kathedrale. Erste Hälfte des 15. Jahrhunderts*

als die Kirche "in der Flur zum Hofe des Großfürsten" erwähnt. In der Palastkathedrale wurden die Herrscher oft getauft oder getraut.

Erhalten geblieben ist das Kellergeschoß der Kathedrale (60er Jahre des 14. Jahrhunderts bis 1416), das aus größeren Weißsteinblöcken ausgelegt worden ist. Es wird vermutet, daß sich hier viele Jahre lang der Staatsschatz des Großfürsten befunden habe. Zur Zeit ist hier die ständige Exposition "Archäologie des Moskauer Kremls" untergebracht worden.

In den letzten Jahren sind Gottesdienste in dieser Kathedrale zum Fest der Mariä Verkündigung zu einer Tradition geworden, die in der Regel Patriarch von Moskau und ganz Rußland Alexij II zelebriert.

59. *„Vierteilige Ikone". Mitte des 16. Jahrhunderts*

60, 61. *Ausstellung „Archäologie des Moskauer Kremls" im Kellergeschoß der Mariä-Verkündigungs-Kathedrale*

62

gestaltug aus der ersten Hälfte des 17. Jahrhunderts auf. Die Bemalung der Wände und der Stützpfeiler illustriert christliche Legenden und geschichtliche Ereignisse. Die beiden oberen Ränge der Wände werden durch den Zyklus mit den Vitenszenen der Jungfer Maria geschmückt, durch den Bericht von ihren Eltern, ihrer Kindheit, ihren Jugendjahren, ihrer Erziehung und von den letzten Tagen ihres Lebens. Die beiden unteren Ränge sind dem Akathostos der Gottesmutter, der feierlichen Hymne, in der sie gerühmt wird, gewidmet. Die Stützpfeiler der Kirche werden durch Darstellungen russischer Heiliger, Fürsten und Metropoliten, verziert.

Die Ikonen der Gewandniederlegungskirche sind speziell für dieses Gotteshaus gemalt worden und stellen ein Ensemble dar, das vollständig und gut erhalten geblieben ist. Nasarij Istomin, einer der besten Ikonenmaler im ersten Drittel des 17. Jahrhunderts, hat die Ikonen der drei oberen Ränge sowie zwei Ikonen im unteren Rang, nämlich "Dreifaltigkeit" und "Gottesmutter mit dem Kinde", gemalt.

In der Nordgalerie dieser Kirche, die im 17 Jahrhundert über der Vorhalle mit den Treppenstufen angebaut worden ist, ist eine Kollektion von russischen Holzplastiken aus der Zeit Ende des 14. – 17. Jahrhundert untergebracht: monumentale geschnitzte Skulpturen von Heiligen, Reliefikonen, Kreuze und kleine Brustikonen. Das älteste unter den hier repräsentierten Werken ist die Skulptur "Georg, der Krieger" (Ende des 14. – Anfang des 15. Jahrhunderts).

GEWANDNIEDERLEGUNGSKIRCHE

Im Jahre 1451, am Tage, da das in der Byzanz festgelegte Fest der Gewandniederlegung begangen wurde, hob das mongolisch-tatarische Heer des Zarewitschs Masowscha, das Moskau erreicht hatte, die Belagerung der Stadt überraschend auf und trat den Rückzug an. Zum Gedenken an die Erlösung Moskaus von den Tataren erhielt die Hauskirche der Metropoliten und Patriarchen den Namen "Gewandniederlegungskirche". An der Stelle, an der einst die Kirche gestanden hatte, die im Jahre 1479 niedergebrannt worden war, errichteten Meister aus der Stadt Pskow in den Jahren 1484 – 1486 eine Kirche, die bis ins unser Heute erhalten geblieben ist und die den gleichen Namen erhalten hat.

Mitte des 17. Jahrhunderts, nachdem der Patriarch Nikon die Patriarchengemächer hatte umbauen und eine neue Patriarchenkirche errichten lassen, wurde die Gewandniederlegungskirche, zu einer der Hauskirchen der Zarinnen und der Zarentöchter.

Das gemütliche Kammerinterieur der einkuppeligen zierlichen Kirche bewahrt die Aus-

62. *Gewandniederlegungskirche. 1484 – 1486*

63. *Metropolit Iona. Relief auf dem Holzdeckel des Reliquienschreins. 17. Jahrhundert*

64. *Gewandniederlegungskirche. Interieur*

63

64 ▷

65

PATRIARCHENGEMÄCHER UND KIRCHE DER ZWÖLF APOSTEL

65. *Patriarchengemächer und Kirche der Zwölf Apostel. 1653 – 1656. Architekten: Alexej Korolkow und Iwan Semjonow*

Der dreigeschössige Patriarchenpalast und die an diesen angrenzende fünfkuppelige Kirche der Zwölf Apostel sind das Resultat des Umbaus des einstigen Metropolitenhofes, der unter dem Patriarchen Nikon Mitte des 17. Jahrhunderts unternommen worden ist.

Die Innenräume des Palastes sind durch Fluren und Übergänge miteinander verbunden. Im Erdgeschoß haben sich die Wirtschaftsbauten sowie die Räumlichkeiten der Patriarchenämter befunden, während der Obergeschoß die Festgemächer und die Kirche der Zwölf Apostel beherbergt hat. Die Privatgemächer des Patriarchen nahmen den zweiten Obergeschoß ein. Der dritte Obergeschoß ist Ende des 17. Jahrhunderts errichtet worden.

Den wichtigsten Galaraum des Palastes bildet die Kreuz- oder die Chrisambereiterkammer. Der geräumige Saal mit einer Fläche von 280 Quadratmeter, durch ein einheitliches Gewölbe ohne Stütze in der Mitte abgedeckt, wurde für feierliche Empfänge der obersten kirchlichen Würdenträger sowie für Konzilsitzungen errichtet. In der Kreuzkammer wurde im Jahre 1763 unter einem geschnitzten Holzbaldachin ein Ofen für die Zubereitung des kirchlichen wohlduftenden Öls, des Chrisams, aufgestellt, wonach die Kammer den Namen Chrisambereiterkammer erhielt.

Seit 1963 ist im Patriarchenpalast das Museum für angewandte Kunst und den Alltag Rußlands des 17. Jahrhunderts untergebracht. Mehr als 1000 Exponate geben Aufschluß über ästhetische Vorstellungen, künstliche Geschmacksrichtungen sowie über Sitten und Bräuche der russischen Gesellschaft jener Epoche. Hier kann man verschiedenartiges Gold- und Silbergeschirr, Werke sowohl russischer als auch westlicher und orientalischer Meister, Schmuckgegenstände, reich verzierte Gewänder kirchlicher Hierarchen, ferner eine Sammlung von handgeschriebenen und alten gedruckten Büchern, darunter die "Fibel", die Karion Istomin für den Sohn Peters I, den Zare-

66. *Kappe und Brustkreuz des Patriarchen Filaret. Erstes Drittel des 17. Jahrhunderts. Moskau*

67, 69. *Kirche der Zwölf Apostel. Ikonostase*

66

68

69

70

71

68, 70, 71.

Kreuzkammer. Exposition des Museums für angewandte Kunst und Alltag Rußlands im 17. Jahrhunderts

witsch Alexej, verfaßt hat, eine Kollektion von Tafel- und Taschenuhren, Zubehörteile für den Parade- und den Jagdaufzug des Zaren sowie Arbeiten russischer Stickerinnen und Goldstickerinnen sehen.

Zwei kleinere Zimmer, die ihr uraltes architektonisches Aussehen bewahrt haben, machen die Besucher mit der Innenraumeinrichtung der Wohngemächer im 17. Jahrhundert vertraut. Die Atmosphäre jener Zeit wiederaufleben zu lassen, helfen der zweifarbige Kachelofen und die charakteristischen Möbelstücke: ein Tisch, eine breite Bank, hohe geschnitzte Stühle, eine Truhe aus Zypressenholz, an der eine Falkenjagdszene abgebildet worden ist, ferner ein deutscher Geschirrschrank und ein holländischer Kleiderschrank als seltene Beispiele für Einrichtungsgegenstände, die im Ausland gefertigt worden sind und die nun Einzug ins Alltagsleben der Moskauer Prominenz aus jener Zeit gehalten haben.

Ein geschnitztes Portal führt zur Kirche der Zwölf Apostel. In der Ikonenwand, die aus der Himmelfahrts-Kathedrale des Moskauer Kremls im Jahre 1929 hierher verlegt worden ist, ist eine hervorragende Kollektion von Ikonen aus der Zeit Ende des 17. und Anfang des 18. Jahrhunderts zusammengetragen worden. An den Wänden der Kirche wird eine Ausstellung von Ikonen führender russischer Kunstmaler des 17. Jahrhunderts Fjodor Roshnow, Simon Uschakow, Fjodor Subow, Kyrill Ulanow und Iwan Saltanow präsentiert.

72. *Wohnzimmer, 17. Jahrhundert*

73

ENSEMBLE DES GLOCKENTURMES IWAN DER GROSSE. ZARKANONE. ZARGLOCKE

73. *Glockenturm Iwan der Große. 16. Jahrhundert*

74. *Ensemble des Glockenturmes Iwan der Große. Ostfassade*

75. *Zarglocke. 1735*

76. *Zarkanone. 1586*

Das großartige Architekturensemble, zu dem der Glockenturm Iwan der Große, der Mariä-Himmelfahrts-Glockenanlage und der Filaret-Anbau gehören, schließt den Kathedralenplatz von der Ostseite ab. Der vom italienischen Architekten Bon-Frjasin in den Jahren 1505 – 1508 errichtete Glockenturm wurde unter dem Zaren Boris Godunow im Jahre 1600 aufgestockt und erreichte eine Höhe von 81 m. Unter der goldenen Kuppel sind in drei Reihen die Namen des Zaren Boris Godunow, dessen Sohnes Fjodor und das Datum, an dem der Überbau des Glockenturmes erfolgt ist, geschrieben. Mitte des 16. Jahrhunderts wurde an den Glockenturm die Kirche der Wiederauferstehung Christi (seit 1555 die Weihnachtskirche) angebaut, und im Jahre 1624 wurde das Ensemble durch den Filaret-Anbau mit einem Zeltdach ergänzt, der nach einem Projekt von Bashen Ogurzow errichtet wurde. Später wurde die Weihnachtskirche in eine Glockenanlage umfunktioniert. Dies Glockenanlage und den Anbau sprengten Franzosen bei ihrem Rückzug aus Moskau im Jahre 1812, und später wurden sie vom Architekten I.D.Gillardi nach einem Projekt von I.W.Jegotow und L.Rusk wiederaufgebaut.

Die beiden, der Glockenturm und die Glockenanlage, zählen 21 Glocken. Die größte von Ihnen, die Mariä-Himmelfahrts-Glocke, ist ca. 70 Tonnen schwer.

Gegenwärtig finden im Erdgeschoß der Glockenanlage zahlreiche und verschiedenartige Ausstellungen statt, die vom Museumsreservat "Der Moskauer Kreml" veranstaltet werden.

Bei der Zarkanone handelt es sich um ein großartiges Denkmal der alten Artillerie, um ein Musterbeispiel des hohen Könnens der russischen Waffenschmiede. Die Kanone wurde im Jahre 1586 vom bekannten russischen Meister Andrej Tschochow auf dem Kanonenhof gegossen. Nur wenige Geschütze in der Welt ließen sich mit ihr vergleichen, was ihre Dimensionen anbelangt: Kaliber: 890 mm, Länge: 5,34 m, Außendurchmesser des Kanonenrohrs: 1,2 m. Die Masse der Kanone erreicht 40 Tonnen.

Ursprünglich war die Kanone in der Nähe des Richtplatzes stationiert und sollte die Zugänge zum Spasskiturm schützen. Im 18. Jahrhundert verlegte man die Kanone in den Kreml. Im Jahre 1835 wurde die Zarkanone auf eine mit Gußmustern verzierte Lafette aufgestellt. Daneben plazierte man vier dekorative Roheisenkugeln, jede 1 Tonne schwer.

Am Fuße des Glockenturmes Iwan der Große steht die Zarglocke, die sowohl in bezug auf ihre Abmessungen als auch in bezug auf die kunstvolle Ausführung ihresgleichen sucht. Ihr Gewicht übersteigt 200 Tonnen, die Höhe erreicht 6,14 m und der Durchmesser beläuft sich auf 6,6 m. Die Zarglocke ist im Kreml im Jahre 1735 vom Meister M. Motorin gegossen worden. Die Glocke wurde noch in der Gießgrube nachbearbeitet, als sich an ihr während eines schrecklichen Brandes im Jahre 1737 beim Löschen des Feuers mehrere Sprünge bildeten und sich von ihr ein 11,5 Tonnen schweres Stück ablöste. Fast hundert Jahre lang blieb die Glocke nach diesem Vorfall in der Gießgrube. Erst im Jahre 1836 besorgte der Architekt und Ingenieur A. A. Monferrand das Heben der Glocke und deren Aufstellung auf einem Podest, auf dem sie auch heute steht.

74

75

76

VERWALTUNGSGEBÄUDE

Unweit des Spasskitores steht ein Verwaltungsgebäude, das im neoklassizistischen Stil errichtet worden ist. Es befindet sich an der Stelle, an der die ätesten Moskauer Klöster, das Tschudow-Kloster (das Wunder-Kloster) und das Roshdestwenski-Kloster (Kloster der Geburt Christi), sowie der Kleine Nikolaus-Palast bis zum Jahr 1929 gestanden haben.

Nachdem die Sowjetregierung im Jahre 1918 nach Moskau umgezogen war, wurden die Klöster geschlossen, und im Jahre 1929 faßte man den Beschluß, wonach sie abgetragen werden sollten.

Das Gebäude wurde in den Jahren 1932 – 1934 nach einem Projekt des Architekten I.I.Rerberg erbaut und war für die Militärschule "All-

77

77, 78.

Verwaltungsgebäude.

1932 – 1934.

Architekt: I.I.Rerberg

78

russisches Zentrales Exekitivkomitee", der ersten Lehranstalt für die Ausbildung von Offizieren, welche nach der Oktoberrevolution gegründet worden ist, bestimmt. Das Gebäude befindet sich in unmittelbarer Nachbarschaft mit dem Senatsgebäude, das vom russischen Architekten M.F. Kasakow erbaut worden ist, und korreliert mit diesem, was die Dimensionen, den Rhythmus und die Farbgebung anbelangt. Im Jahre 1938 wurde dorthin das Sekretariat des Präsidiums des Obersten Sowjets der UdSSR verlegt. Später wurden die Innenräume für das Kremltheater umgebaut, das bis 1961 bestanden hat. Das Gebäude ist noch mehrmals rekonstruiert worden, insbesondere ist dort der festliche Marmorsaal errichtet worden, der für die Abhaltung von Festsitzungen bestimmt worden ist.

79

80

79. *Verwaltungsgebäude. Sitzungssaal*

80. *Verwaltungsgebäude. Interieur*

81. *Der Große Kremlpalast. 1838 – 1849. Architekt: K.A. Ton*

GROSSER KREMLPALAST

Das Gebäude des Großen Kremlpalastes ist in den Jahren 1838 – 1849 (der Flügel, in dem die Rüstkammer untergebracht worden ist, wurde im Jahre 1851 abgeschlossen) nach einem Entwurf des Architekten K.A.Ton unter Mitwirkung der Moskauer Architekten F.F.Richter, N.I. Tschitschagow, W.A.Bakarjew, P.A.Gerassimow, des Kunstmalers F.G.Solnzew und anderer errichtet worden. Der Kaiser Nikolaus I überwachte persönlich den Arbeitsablauf und bestätigte jedes Blatt des Projektes für seine Moskauer Residenz.

Der unikale Palastkomplex, in dem Bauwerke aus fünf Jahrhunderten ein einheitliches Ganzes bilden, kennt in der inländischen Architektur keinerlei Analoga. Er setzt sich aus einem System von Bauwerken zusammen, die zu einem Viereck um einen Innenhof gruppiert worden sind. Die Fassade des Hauptgebäudes (19. Jahrhundert) ist dem Süden, der Moskwa zugewandt; die Nordseite bildet der Palast mit den Zarinnengemächern (der sogenannte Teremnoj-Palast) (19. Jahrhundert), ein Teil der Ostseite wird durch die uralten Bauten, die Goldene Zarinkammer und den Facettenpalast (15. Jahrhundert) gebildet, während sich im Westen die Galaräume des Kaisers befinden.

Die Hauptfassade des Palastes erstreckt sich über 125 Meter. Die nach vorn hervortretende Terrasse erinnert an alte "Vergnügungspromenaden", die Fenster sind durch geschnitzte Verkleidungsleisten aus weißem Stein mit charakteristischem durchhängendem kleinem Gewicht wie in den oberen Gemächern des 17. Jahrhunderts verziert.

Über dem mittleren Teil des Palastgebäudes ragt ein Aufsatz mit kielförmigen Kokoschniks, in denen Darstelungen zweiköpfiger Adler placiert worden sind. An der Kuppel des Aufsatzes ist eine Uhr mit Glockenspiel untergebracht, in der Mitte ragt ein Flaggstock über dem Dach.

Was seine Abmessungen und den Prunk der Innenraumgestaltung anbelangt, so hat der Große Kremlpalast alle ihm zeitgenössischen Palastbauten übertroffen.

In den Jahren 1932 – 1934 sind die beiden glanzvollen Säle, der Andreas- und der Alexander-Saal, zu einem strengen Sitzungssaal zusammengelegt worden (Architekt: I.A.Iwanow-Schütz), in dem Kongresse der Kommunistischen Partei, Tagungen des Obersten Sowjets der UdSSR und des Obersten Sowjets der RSFSR verliefen. Im Jahre 1999 wurden die Säle in ihrer ursprünglichen Pracht wiederhergestellt.

Gegenwärtig ist der Große Kremlpalast der Ort, an dem die festlichsten Empfänge des Präsidenten der Russischen Föderation über die Bühne laufen. Hier finden die wichtigsten Verhandlungen statt.

82

83

84

weißem Stein verkleidet, welche so behaut worden sind, daß jeder Block vier Facetten aufzuweisen hat. Das hat denn auch die Bezeichnung dieses Bauwerkes bestimmt.

Das majestätische auf dem Grundriß quadratische Gebäude steht auf einem höheren Kellergeschoß. Sein Hauptvolumen wird durch einen riesengroßen Saal mit einer Fläche von 495 Quadratmeter gebildet. Das Interieur der Kammer überwältigt einen durch seine Eleganz und Feierlichkeit. Die Kreuzgewölbe stützen sich im Zentrum des Saals auf einen massiven vierkantigen Pfeiler, welcher mit Weißsteinschnitzereien und Vergoldung reichlich dekoriert worden ist.

Die Innenraumgestaltung des Facettenpalastes wurde mehrmals erneuert und verän-

FACETTENPALAST

Der Kampf der Moskauer Fürsten um den Zusammenschluß der Nation zeitigte gegen Ende des 15. Jahrhunderts glanzvolle Resultate. Das Jahr 1480, in dem die Truppen des Moskauer Großfürsten Iwan III die Armee der Goldenen Horde zum Rückzug zwangen, wurde zum Jahr der Befreiung der Rus vom mongolisch-tatarischen Joch. Der Großfürst Iwan III hat sich zum "Herrscher von ganz Rußland" ausrufen lassen. Zur Bekräftigung des Ansehens des jungen Staates setzt in Moskau grandiose Bautätigkeit ein, an der sich russische wie ausländische Meister beteiligen.

Iwan III verpflichtet italienische Baumeister Alevis und Marco Frjasin und Pietro Antonio Solari für den Bau eines riesengroßen prunkvollen Palastes, der in den Jahren 1487 – 1508 errichtet und in der Folgezeit wiederholt umgebaut worden ist. Bis ins unser Heute ist nur der festliche Thronsaal des alten Palastes, die sogenannte Facettenkammer, erhalten geblieben. Die Hauptfassade dieser Kammer, die dem Kathedralenplatz zugewandt ist, ist mit Blöcken aus

85

86

82. *Facettenpalast.*
1487 – 1491. Hauptfassade.
Architekten: Marco Frjasin,
Pietro Antonio Solari

83. *Facettennpalast.*
Die sogenannte Rote Treppe
(die Paradetreppe)

84. *Portal des Facetten-*
palastes

85. *Facettenpalast. Interieur*

86. *Gleichnis vom gerechten*
Richter. Bemalung der Westwand

87. *Zar Fjodor Ioannowitsch. Bemalung der Südwand*

88. *Facettenpalast. Interieur*

87

88

89. *Großfürst Wladimir Swjatoslawowitsch nebst Söhnen. Bemalung der Ostwand*

90. *Josefs Gastmahl. Bemalung der Ostwand*

dert. In der zweiten Hälfte des 16. Jahrhunderts wurden seine Wände mit kirchlichen und biblischen Kompositionen bemalt. Nach mehreren Bränden setzte der Ikonenmaler Simon Uschakow im Jahre 1672 auf Erlaß des Zaren ein ausführliches und exaktes Verzeichnis der alten Sujets und Texte auf. Ende des 17. Jahrhunderts wurden die Bemalungen mit weißer Farbe übermalt und die Wände mit scharlachrotem Tuch bezogen, gegen Mitte des 19. Jahrhunderts wurde das Material der Bespannung gegen roten Samt mit zweiköpfigen Adlern ausgewechselt. Zur Inthronisation des Kaisers Alexander III im Jahre 1883 wurden die Wände des Facettenpalastes von den Brüdern Beloussow, Ikonenmalern aus dem Dorf Palech, die sich an das erhaltengebliebene Verzeichnis genau hielten, erneut bemalt.

Die ausgewählten Bemalungssujets werden durch das Hauptthema, die Lobpreisung der zentralisierten Macht und die Durchsetzung ihrer Kontinuität, vereint. Daraus ergeben sich die Kompositionen mit den Darstellungen von vierundzwanzig Repräsentanten des alten Rurik-Geschlechtes, darunter auch mit dem Kiewer Fürsten Wladimir nebst zwölf Söhnen, die von ihm darüber belehrt werden, wie man fromm

90

leben und den Altrussischen Staat weise regieren solle. Parallelen zwischen alttestamentarischen Sujets und Ereignissen aus der russischen Geschichte lassen sich mühelos zurückverfolgen. So ist neben dem Zaren Fjodor Ioannowitsch der künftige Zar Boris Godunow und ihnen gegenüber eine ausführliche und farbenreiche Darlegung der Parabel über den keuschen Joseph gemalt worden.

Längere Zeit ist die Facettenkammer der größte Festsaal in Moskau gewesen. Hier empfing man Botschafter, beging man bedeutsame Ereignisse im Leben des Staates. Hier tagte die Bojarenduma. Während der Festessen wurde der Saal mit Teppichen ausgelegt. Auf die Tische stellte man wertvolles Geschirr. Hier wurden auch die Zarenthrone aus der Rüstkammer aufgestellt.

Betreten wurde der Facettenpalast vom Kathedralenplatz aus über die an die Rote Vortreppe angrenzende Heilige Flur, deren Bezeichnung mit den Bemalungen zu Themen der Heiligen Schrift zusammenhängt, welche einen Teil der Saalwände verzieren.

In den 90er Jahren des 20. Jahrhunderts sind die Räumlichkeiten im Kellergeschoß des Facettenpalastes an den Moskauer Patriarchen übergeben worden. Nunmehr ist dort die Residenz des Patriarchen von Moskau und ganz Rußland im Kreml untergebracht.

89

92

91

GOLDENE ZARINKAMMER

Der Empfangssaal der Herrscherinnen, die Goldene Zarinkammer, wird erstmalig im Jahre 1526 erwähnt. Erhalten geblieben sind ferner die Erinnerungen daran, daß im Jahre 1589, in der Zeit, da der Zar Fjodor Ioannowitsch regiert hat, dessen Gattin, die Zarin Irina Godunowa, dort russische und ausländische Bischöfe empfangen habe. Zu jener Zeit ist die Bemalung der Wände vor dem goldfarbenen Hintergrund ausgeführt worden, und diesem Umstand hat die Kammer auch ihren Namen zu verdanken.

Die heute bestehende Wandbemalung bezieht sich auf Anfang des 17. Jahrhunderts. Innerhalb von mehreren Jahrhunderten wurden die Bemalungsarbeiten wiederholt mit Ölfarben neu ausgeführt. Erst in den 70er Jahren des 20. Jahrhunderts ist es den Restauratoren in neun Jahren mühevoller Arbeit gelungen, die späteren Übermalungen zu entfernen.

Das Hauptthema der Kompositionen lautet Triumph des christlichen Glaubens. Das Vorhaben hat denn auch die Auswahl des Personenkreises für die Darstellungen bedingt. Einen wichtigen Platz nimmt die Legende von der Fürstin Olga ein, die sich als erste unter dem Fürstengeschlecht zum Christentum bekannt und viel für die Durchsetzung des Christentums in der Rus geleistet hat.

In der Goldenen Zarinkammer nahmen russische Zarinnen Gratulationen anläßlich kirchlicher Feiertage und Familienfeste entgegen, hier fanden Zeremonien anläßlich der Eheschließungen, aber auch Leichenschmäuse zum Gedenken an verstorbene Zarinnen sowie Empfänge für hohe Gäste statt.

Im 17. Jahrhundert hat die Errichtung der Kirche des nicht von Menschenhand erschaffenen Erlösers (1635) und der Kreuzigungskirche (1681) auf dem Gewölbe der Goldenen Zarinkammer, stabile Überdachungen erforderlich gemacht. Die Gewölbe sind durch sich kreuzende Bögen und durch zusätzliche Stahlverbände befestigt worden, was das Interieur dieser Kammer beträchtlich verändert hat.

93

91. *Heilige Flur*

92. *Weißsteinportal an der Westwand des Facettenpalastes. 15. Jahrhundert*

93. *Goldene Zarinkammer. Weißsteinportal. 16. Jahrhundert*

94

95

96

94. *Goldene Zarinkammer. Interieuer*

95. *Bemalung der Goldenen Zarinkammer. 17. Jahrhundert. Interieur. Ostwandl*

96. *Einzug der Zarin Dinara in Täbris. Nordwand*

97

PALAST MIT DEN ZARINNENGEMÄCHERN (*Teremnoj-Palast*)

98

97. *Palast mit Zarinnengemächern* (Teremnoi-Palast) *1635 – 1636. Architekten: Bashen Ogurzow, Archip Konstantinow, Trefil Scharutin, Larion Uschakow*

98. *Palast mit Zarinnengemächern. Häuschen mit goldenem Dach und „Ausgucktürmchen“*

Der Teremnoj-Palast, Palast mit den Zarinnengemächern, ist auf Geheiß des Zaren Michail Romanow in den Jahren 1635 – 1636 von den russischen Baumeistern Bashen Ogurzow, Antip Konstantinow, Trefil Scharutin und Larion Uschakow errichtet worden. Die erste Etage des Palastes, ein Kellergeschoß aus dem 15. Jahrhundert, stellt eine Fortsetzung des Kellergeschosses des Facettenpalastes dar. Aus der Heiligen Flur hat es einen Ausgang zur Bojarenbühne, einer Terrasse auf den unbebauten Gewölben dieses Kellergeschosses, gegeben, des weiteren hat eine offene Treppe nach oben, auf die Gewölbe der Meisterkammern aus dem 16. Jahrhundert geführt, wo man mit einem Abstand vom Außenrand der Wände zwei Wohngeschösse des Palastes mit den Zarinnengemächern errichtet hat. Von der "Vergnügungspromenade", der sogenannten Werchospassker Bühne, die sich über den Meisterkammern herausgebildet hatte, stieg man über die festliche Goldene Vortreppe zu den Zarengemächern hinauf, die sich in der vierten Etage befanden. Die fünfte Etage – das sogenannte Slatowerchij teremok (Oberstübchen mit dem goldenen Dach) ist von einer "Vergnügungsbühne" umgeben, auf der, an das Oberstübchen von der Westseite angrenzend, ein "Ausgucktürmchen" mit einem spitzen Dach steht. Gekrönt wird der Palast durch ein hohes Giebeldach mit metallenem Gitterkamm und Wetterfahnen. Das malerische festliche Aussehen des Palastes mit den Zarinnengemächern brachte Zeitgenossen, welche die Gelegenheit hatten, diese "sehr wundervollen Gemächer" zu bestaunen, in Begeisterung.

Zahlreiche Treppen und Übergänge verbanden den Teremnoi-Palast mit der Bojarenbühne, dem festlichen Facettenpalast und der Goldenen Zarinkammer sowie mit den Palastkirchen. In der zweiten Hälfte des 17. Jahrhunderts verzierte man die Treppe, die von der Bojarenbühne her zum Palast mit den Zarinnengemächern und die gegenüberliegende Werchospasskaja-Kirche hinauf führte, mit einem gegossenen Gitter, das mit Farben und Vergoldung bemalt war. Das Muster aus spiralenförmigen Verflechtungen und bizarren Tieren überwältigt den Betrachter durch Phantasiereichtum.

99

99. *Palast mit Zarinnengemächern. Gestaltung des Frontons und der Fensterverkleidung des Throngemachs*

100

100. *Palast mit Zarinnengemächern. Fassadendekor aus weißem Stein*

Die Portale, die Fensterzierleisten und die Simse des Palastes mit den Zarinnengemächern sind mit feinen Weißsteinschnitzereien verziert. Es handelt sich um Ornamentgeflechte, geometrische Zeichnungen, Darstellungen von Phantasietieren und –vögeln und heraldischen zweiköpfigen Adlern. Die Doppelfenster der oberen Stockwerke werden durch schmucke Bögen und für das 17. Jahrhundert traditionelle hängende Gewichtchen verziert. Das einst üppige geschnitzte Dekor verband sich glücklich mit der farbenfrohen Bemalung: Bei einer Untersuchung der Portale und der Zierleisten wurden Spuren von Ocker, Zinnoberrot, hellgrüner Farbe und Vergoldung entdeckt. Das üppige geschnitzte Dekor der Gemächer wird durch Kachelfriese der beiden oberen Stockwerke ergänzt.

Bei der Errichtung des Großen Kremlpalastes im 19. Jahrhundert wurde ein Teil der Bojarenbühne durch hohe Gewölbe überdacht und zum Wladimirsaal umfunktioniert. Die Werchospasskaja-Bühne und die Goldene Vortreppe wurden ebenfalls zu Innenräumen des Palastes um- und neugestaltet: Am Fuße der Vortreppe setzte man zwei Löwen aus weißem Stein, die im Jahre 1845 gefertigt wurden. Sie halten Schilder mit dem Monogramm des Kaisers Nikolaus I, unter dem das Bauvorhaben ausgeführt wurde, in ihren Pranken. Jeden Bogen der Vortreppe schmückt ein kleines Gewicht aus weißem Stein, das die Form des Kopfes eines Löwen aufzuweisen hat, der den sogenannten "Schweigeapfel", Symbol der Verschwiegenheit über die zu hütenden Geheimnisse der Wohngemächer des Zaren, in seinen Zähnen hält.

Die Zarengemächer des Teremnoj-Palastes mit Gewölbedecken und Holzfußböden sind eines hinter dem anderen angeordnet. In die Fensterrahmen sind verschiedenfarbige Glasscheiben eingesetzt, die breiten hölzernen Fensterbänke sind mit bizarren Schnitzereien verziert worden. Im ersten Gemach, der Vorderen Flur oder dem Reflektorium, erwarteten die Bojaren und die Geheimschreiber das Erscheinen des Zaren. Im zweiten Gemach, dem Duma- bzw. dem Versammlungsgemach, traf der Zar mit den Bojaren Entscheidungen über staatswichtige Angelegenheiten. Das dritte Gemach hieß das Throngemach oder das Kabinett. Die Bemalung in goldigroten

101. *Palast mit Zarinnengemächern. Interne Übergänge und Ausgang zu der oberen Umgehungsgalerie*

102. *Palast mit Zarinnengemächern. Paradeeingang. Paradetreppe, die sogenannte Rote Treppe*

101

102

103

104

103. *Throngemach des Palastes mit Zerinnengemächern*

104. *Kachelofen im Throngemach des Palastes mit Zarinnengemächern*

106

107

Farbtönen, die Darstellungen von Wappen der Fürstentümer, die dem Moskauer Zaren untertan waren, und der staatlichen zweiköpfigen Adler sowie das beeindruckende Ornament des runden Kachelofens lassen das Interieur dieses Raumes besonders schmuck und feierlich erscheinen. Das mittlere Fenster dieses Gemaches wird von außen durch runde geschnitzte Säulen hervorgehoben, welche sich auf Löwenskulpturen stützen. Den Abschluß der Privatgemächer des Zaren bilden das Schlafgemach, in dem ein geschnitztes Holzbett mit einem Baldachin steht, und eine kleine Kapelle mit geschnitzter Ikonenwand, in der Ikonen aus dem 17. und dem 18. Jahrhundert zusammengetragen worden sind.

Die Innenraumeinrichtung und die ursprüngliche Bemalung des Palastes mit den Zarinnengemächern sind nicht erhalten geblieben. Die bestehende Bemalung wurde im Jahre 1836 vom Kunstmaler T. Kisseljow nach Zeichnungen des Mitglieds der Akademie der bildenden Künste F. G. Solnzew ausgeführt worden. Die Kachelöfen und die wenigen Möbelstücke sind unter der Leitung von F. F. Richter anhand von Mustern aus dem 17. Jahrhundert nachvollzogen worden.

105. *Duma-Gemach des Palastes mit Zarinnengemächern. 17. Jahrhundert*

106. *Palast mit Zarinnengemächern. Schlafgemach*

107. *Palast mit Zarinnengemächern. Vorzimmer. Durchgangsflur*

108

109

PALASTKIRCHEN

Im 17. Jahrhundert wurden im Palast des Zaren elf Kirchen gezählt, zahlreiche Nebenaltäre und Betstätten nicht mitgerechnet. Zur Zeit sind sechs davon übriggeblieben.

In den Jahren 1393 – 1394 wurde auf Befehl der Witwe von Dmitri Donskoi, der Fürstin Jewdokia (Eudoxia), die Kirche der Geburt der Gottesmutter errichtet. Der italienische Architekt Alevis der Neue nutzte im Jahre 1514 das bestehende Gebäude und verwandelte es in das Kellergeschoß des Bauwerkes, welches von ihm errichtet wurde. Der alte Raum wurde für die Kirche der Wiedererstehung Lazarus' bereitgestellt, die jetzt eines der ältesten Architekturdenkmäler darstellt, die im Kreml erhalten geblieben sind. Die Kirche der Geburt der Gottesmutter hat ihr heutiges Aussehen nach deren Umbau in den Jahren 1681 – 1684 erlangt; die Wandmalereien sind Mitte des 19. Jahrhunderts unter Anleitung von T. Kisseljow mit Ölfarben ausgeführt worden.

108. *Kuppeln der Kirchen im Palast mit Zarinnengemächern*

109. *Kirche der Geburt der Gottesmutter auf der Flur. 1393 – 1394. Interieur*

110

110, 111. *Kirche der Geburt der Gottesmutter. Reflektorium. Interieur*

111

112

113

112. *Geburt der Gottesmutter mit Vitenszenen. Ikone. Erste Hälfte des 17. Jahrhunderts*

113. *Kirche der Auferstehung Christi (der Auferstehung des Allbekannten). Ikonostase. 1678 – 1679*

114. *Haupttor der Kirche der Auferstehung Christi (der Auferstehung des Allbekannten). 1678 – 1679*

Gleichzeitig mit dem Palast mit den Zarinnengemächern wurde von den gleichen Meistern die Werchospasski-Kathedrale mit dem Nebenaltar, das Johannes dem Vorläufer (ursprünglich Johannes von Belgorod) geweiht worden ist, die Hauskirche der russischen Zaren, errichtet. Die bestehende Barock-Ikonostase, mit Schnitzereien und Vergoldung verziert, stammt aus dem 18. Jahrhundert. Ende des 18. und Anfang des 19. Jahrhunderts sind vier geprägte Ikonnenpanneaus und das Haupttor aus geschwärztem Silber angefertigt worden. In der Ikonensammlung werden Werke der besten Kunstmaler des Zaren aus der zweiten Hälfte des 17. Jahrhunderts präsentiert.

Die Kirche der Großmärtyrerin Katharina, die vom Engländer John Taler im Jahre 1627 aus Ziegelsteinen errichtet worden ist, befindet sich im zweiten Rang des Palastes mit den Zarinnengemächern. Der Innenraum dieser Kirche ist im Jahre 1847 nach einem Projekt von D.N.Tschitschagow gestaltet und die Ikonostase nach einer Zeichnung von F.G.Solnzew geschaffen wor-

115. *Werchospasski-Kathedrale. Haupttor. 1801*

116. *Werchospasski-Kathedrale. Interieur*

116

115

den. Im Jahre 1654 hat man über der Katharinen-Kirche eine weitere Kirche errichtet, die Eudoxia geweiht worden ist. Im Jahre 1681 wird diese Kirche in die Kirche der Wiedererstehung Christi (und später in die Kirche der Wiedererstehung des Allbekannten) umgeweiht. Die bedeutendste Verzierung dieses Gotteshauses stellen die farbenreiche Ikonostase aus dem Jahre 1678 mit Ikonen aus dem gleichen Zeitraum und die geschnitzte vergoldete Empore. Über der Werchospasski-Kathedrale hat man auf Erlaß des Zaren Fjodor Alexejewitsch die Kreuzigungskirche (Kirche der Aufrichtung des Kreuzes des Herren) errichtet. Die Ikonostase dieser Kirche, ein Werk von Wassili Posnanski sucht in der russischen bildenden Kunst ihresgleichen: Nur die Antlitze und die Hände der Heiligen sind mit Ölfarben gemalt worden, während die Gewänder und der Hintergrund in der Technik der geklebten Applikation aus wertvollen Gewebearten ausgeführt worden sind.

Im Jahre 1683 hat man vier Hauskirchen, und zwar die Werchospasski-Kirche, die Kirche der Wiedererstehung, die Kreuzigungskirche und die Katharina-Kirche, durch gemeinsames Dach zu einem Ganzen vereint. Das Dach hat man mit elf Kuppeln verziert, welche von durchbrochenen vergoldeten Kreuzen gekrönt werden, die vom Kathedralenplatz gut zu sehen sind.

117

118

117. *Kirche der Großmärtyrerin Katharina. Ikonostase. 1844 – 1846.*

118. *Kreuzigungskirche. Ikonistase aus dem 19. Jahrhundert. Ikonen aus dem Jahre 1682*

ORDENSSÄLE

Bei den fünf Ordenssälen des Großen Kremlpalastes handelt es sich um eine einmalige Erscheinung in der russischen Architektur. Darin ist die Idee von dem immerwährenden Andenken an viele Generationen von Menschen verkörpert worden, die ihrem Vaterland gedient haben und mit den höchsten Orden ausgezeichnet worden sind.

Der größte Festsaal, der Georgsaal, ist der ehrenvollsten militärischen Auszeichnung Rußlands, dem Orden des Heiligen Großmärtyrers und Siegers Georg, geweiht, den Katharina II im Jahre 1769 gestiftet hat. Dieser Saal ist als ein Tempel des Ruhmes der russischen Waffen konzipiert und gestaltet worden. Das festliche und majestätische Weiß der Wände und der Gewölbe mit einem Reliefmuster wird durch das Schimmern der dichten Vergoldung der Kron- und der Wandleuchter und durch das geschnitzte vergoldete Ornament der Türen unterstrichen. An

120

119, 120. *Paradetreppe des Großen Kremlpalastes*

119

121

121. *Georgsaal. Türen aus dem Wladimirsaal*

122. *Georgsaal. Interieur*

122 ▷

124

125

126

123. *Wladimirsaal*

124. *Ausschnitt der Kuppel mit dem Stuckdekor*

125. *Ausschnitt des Parkettfußbodens*

126. *Katharinensaal*

den Gedenktafeln, welche die Wände und die Pfeiler bedecken, sind mit goldenen Lettern die Namen der Regimenter eingemeißelt worden, die mit dem Orden des Heiligen Georgs ausgezeichnet worden sind, sowie die Namen von Trägern des Georgskreuzes. Entlang der Wände ragen 18 gewundene Säulen, die von Marmorstatuen, Werken des Bildhauers I. P. Vitali, gekrönt werden. Es handelt sich hierbei um allegorische Gestalten mit den Schildern, auf denen die Wappen der Länder dargestellt worden sind, die im 15. – 19. Jahrhundert in den Bestand Rußlands eingegangen sind.

Der Wladimirsaal ist dem Orden des Heiligen Wladimir gewidmet worden, den Katharina II im Jahre 1872 gestiftet hat. Die Wände dieses Saals sind mit weißem und rosarotem Kunst-

◁ 123

marmor verkleidet und als Bögen konzipiert worden. Auf sie stützt sich das Zeltdachkuppelgewölbe, das durch eine achtkantige Kuppel mit vergoldetem Kronleuchter aus Bronze überdacht wird. Das Gewölbe und die Simse sind mit vergoldeten Stuckarbeiten verziert worden. In den runden Medaillons sind Darstellungen von Zeichen des Ordens des Heiligen Wladimirs mit der Devise "Nutzen, Ehre und Ruhm" placiert. Die Planungsbesonderheit des Wladimirsaals besteht darin, daß er Palasteinrichtungen aus verschiedenen Epochen miteinander verbindet: Von verschiedenen Seiten her führen seine Türen und Treppen in den Facettenpalast aus dem 15. Jahrhundert, in die Goldene Zarinkammer aus dem 16. Jahrhundert, in den Palast mit den Zarinnengemächern aus dem 17. Jahrhundert und in den Georgsaal aus dem 19. Jahrhundert. Der Katharinensaal, der Thronsaal der Kaiserin, ist dem Orden der Heiligen Katharina geweiht, den Peter I im Jahre 1714 gestiftet hat. Die Ordenszeichen am Band mit der Devise "Für Liebe und Vaterland" verzieren die geschnitzten vergoldeten Türen und die Wände, welche mit grauer Seide bespannt sind.

127 – 129. *Alexandersaal*

128

129

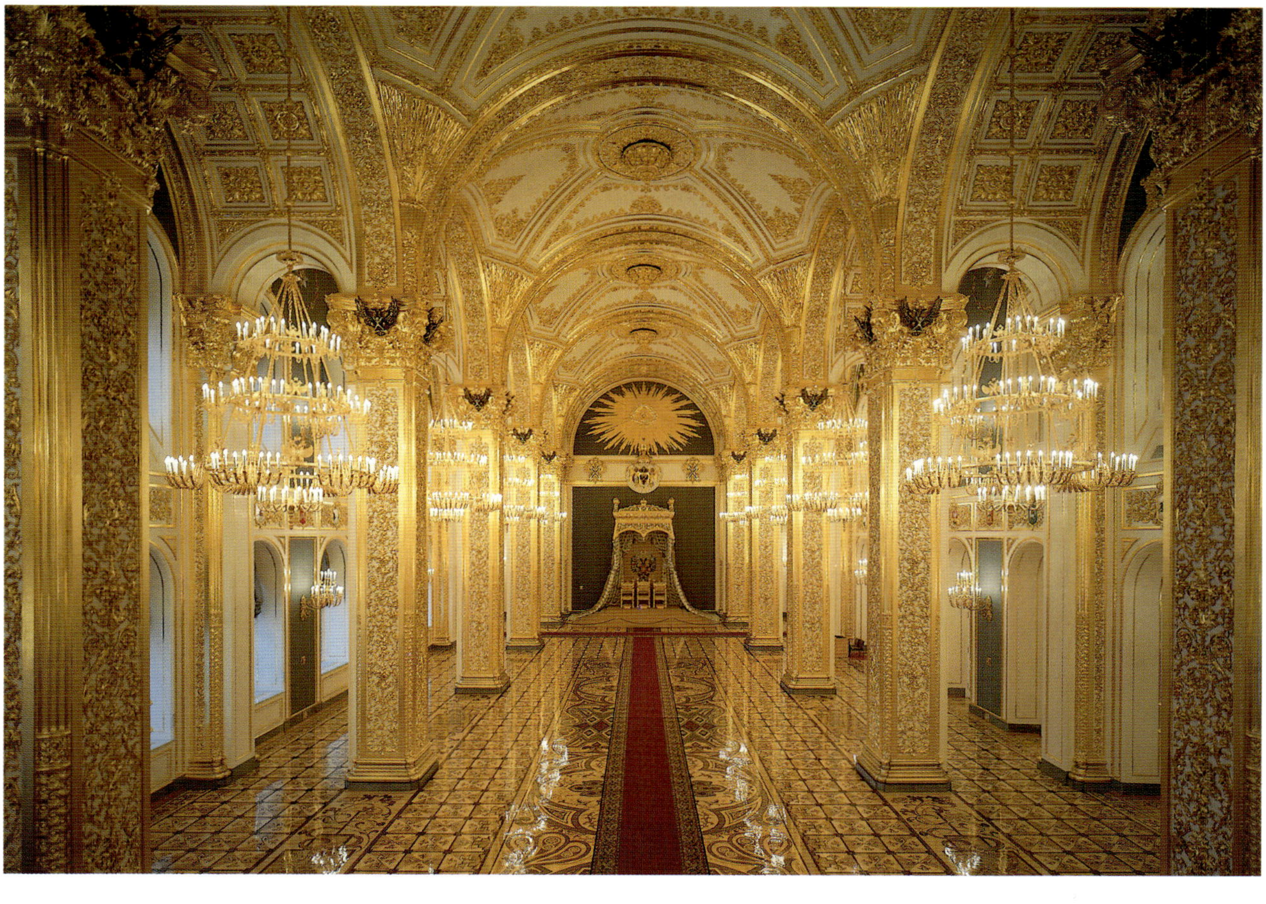

130. *Großer Kreml-palast. Gästeanbau. Vorhalle*

130

Der Alexandersaal hat seinen Namen dem im Jahre 1725 gestifteten Orden des Heiligen Alexander Newski zu verdanken. Die Devise dieses Ordens lautet: "Für Mühen und Vaterland". Die Wände dieses Saals sind mit rosafarbenem Kunstmarmor verkleidet, und die sphärische Kuppel wird von Staatswappen und Ordenszeichen sowie von den Wappan der Gouvernements und Gebiete Rußlands verziert.

Der Andreassaal, der Thronsaal der russischen Kaiser, ist dem Orden des Heiligen erstberufenen Apostels Andreas geweiht, den Peter I im Jahre 1698 gestiftet hat. Die Wände dieses Saals sind mit hellblauer Seide, der Farbe des Ordensbandes, bespannt und mit Ordenszeichen verziert worden.

Gleichzeitig mit der Wiederherstellung des Alexander- und des Andreassaals in den Jahren 1995 – 1996 sind Arbeiten zur Rekonstruktion der an diese angrenzenden Galerie und des An-

131

132

133

131. *Großer Kremlpalast. Gästeanbau. Petersaal*

132. *Großer Kremlpalast. Gästeanbau. Stoffsaal*

133. *Großer Kremlpalast. Rotes Gästezimmer*

baus an den Palast aus den 30er Jahren des 20. Jahrhunderts durchgeführt worden. Der Autor des Projektes und der Leiter der Rekonstruktion ist der Kunstmaler I.S.Glasunow nebst seinem Atelier gewesen. Die Galerie hat ihr ursprüngliches Aussehen verändert. Die Wände, die ein sattes Himbeerrot aufzuweisen haben, werden durch Säulen geteilt, die dem Malachit nachempfunden sind. In den Zwischenräumen sind in ovalen Medaillons Porträts der russischen Großfürsten, Zaren und Kaiser, Vertreter der Dynastien Rurik und Romanow, placiert. Die Galerie wird durch das einstige Dinstgebäude verbunden, das gegenwärtig vollständig umgebaut worden ist. Die neuen Säle, der Peter-, der Stoff-, der Kamin-, der Grüne und der Rote Saal, sind für offizielle Veranstaltungen bestimmt.

134

134. *Galaappartements. Grünes Gästezimmer*

GALAAPPARTEMENTS

Von der Nordseite grenzen an den Katharinensaal drei Räume, und zwar das Galagastzimmer (das Grüne Gastzimmer), das Galaschlafgemach und das Galagarderobenzimmer, an, welche gegenwärtig eigenartige Museen für russische dekorative und angewandte Kunst des 19. Jahrhunderts darstellen. Das Porzellan wurde für diese Räume von der Kaiserlichen Porzellanfabrik in Sankt-Petersburg geliefert, die Möbelstücke stammen vorwiegend von den Petersburger Unternehmen P. Gambs und A. und K. Turow, die Textilien zum Bespannen der Möbelstücke und der Wände sowie zum Drapieren der Fenster hat die Moskauer Fabrik von G. G. Saposhnikow zur Verfügung gestellt.

Das Galagastzimmer ist ein weitläufiger Raum mit einer Gewölbedecke, die vom italienischen Maler G. Artari bemalt worden ist. Die

135

Wände sind mit einem grünen Stoff mit Goldstickereien bespannt, die Türen und die Tische sind im Stil "Bull" gefertigt und mit eingelegten Verzierungen aus Bronze, Schildpatt, Perlmutter und wertvollen Holzarten versehen. Die Einrichtung des Gastzimmers wird durch Erzeugnisse aus Bronze und Porzellan ergänzt, unter denen eine große Porzellanstehlampe im "japanischen Stil" mit 66 Brennern und Vasen für Schnittblumen besonders zu erwähnen wäre.

Die wichtigste Verzierung des Galaschlafgemaches bilden die Säulen aus monolithischem grünlichgrauem italienischem Marmor und ein Kamin aus Jaspis, Werke von Meistern aus dem Ural.

Die Wände des Galagarderobenzimmers sind mit Tafeln aus Nußbaumholz verkleidet, die vom Meister K. Herz dicht aneinandergefügt und ohne einen einzigen Nagel und Leim miteinander verbunden sind. Durch antike Gestalten ist die Form des Kronleuchters inspiriert worden, der in den 40er Jahren des 19. Jahrhunderts in der Moskauer Werkstatt von S. Kampioni aus Alabaster geschnitzt worden ist.

135. *Porzellanstehlampe im „japanischen Stil" mit 66 Brennern und Vasen für Schnittblumen*

136. *Galaappartements. Rotes Gästezimmer*

136

PRIVATE HAUSSEITE

Im Erdgeschoß des Großen Kremlpalastes haben sich die Wohnräume der kaiserlichen Familie, die sogenannte Private Hausseite, befunden. Sieben Wohnräume und vier kleinere Zimmer, die für den Dienst von Hofpersonal bestimmt gewesen sind, bilden eine Zimmerflucht entlang der Haupt- und der Westfassade des Palastes.

Bei der Innenraumgestaltung haben Architekten und Kunstmaler mannigfaltige Stilrichtungen, Kunstgriffe und dekorative Elemente der Antike, des Barocks, des Rokokos und des Klassizismus verwendet. Das Aussehen eines jeden dieser Zimmer ist individuell und stellt ein in sich geschlossenes künstlerisches Ganzes dar.

Massive Pfeiler teilen die Appartements in zwei Teile, den eigenartigen Korridor und das Gros der Räumlichkeiten mit schmucken Schnitzereien und Vergoldung, selten schönen Stoff-

137. *Private Hausseite. Gästezimmer der Kaiserin*

138. *Private Hausseite. Eine Uhr aus dem Arbeitszimmer der Kaiserin. Erste Hälfte des 19. Jahrhunderts. Frankreich*

tapeten der Wände, großartigen Möbelstücken und verschiedenartigen Kaminen.

Die Gemächer der Privaten Hausseite werden von kegelförmigen Kronleuchtern aus vergoldeter Bronze beleuchtet, die mehrrängige Girlanden von Kristallanhängern aufzuweisen haben. Die Fußböden sind durch streng nach ihrem Muster ausgewählten Teppiche abgedeckt. Die Türen der Zimmer sind aus verschiedenen Holzarten gefertigt und mit Einlegearbeiten und Reliefschnitzereien reichlich verziert.

Eingeleitet wird die Zimmerflucht durch den Speiseraum. Bei seiner Ausgestaltung sind Dekorationsgrundsätze des Klassizismus und antike Motive genutzt worden: eine Kombination heller

138

Töne von Kunstmarmor an den Wänden, Statuen mythologischer Gestalten, des Hymenäus und der Leda, aus weißem Marmor, die kraterförmigen Vasen, auf denen olympische Götter, Menaden und Satyren abgebildet sind.

Bei der Ausgestaltung des Wohnzimmers (des Empfangszimmers der Kaiserin) errät man mühelos die Hinwendung an die anspruchsvolle Eleganz des Rokokos: zarte Pastelltöne von Weiß, Rosa und Hellblau mit Gold in der Blumenbemalung, wellenförmige Umrisse der vergoldeten Möbelstücke. Verziert wird dieser Raum durch einen großen in der Kaiserlichen Porzellanfabrik gefertigten Kronleuchter, der mit zahlreichen Porzellanblumen dekoriert worden ist. Zwei Ananasfrüchte, die von unten und von oben den Kronleuchter abschließen, haben diesem zu dem Namen "Kronleuchter mit Ananasfrucht" verholfen.

Das Arbeitszimmer der Kaiserin gehört mit zu den schmuckvollsten Räumen des Palastes. Der weiße und der farbige Marmor, die Vergoldung, die Bronze und die Spiegel sowie die satte dunkelrote Farbe des Stoffes, welcher zur Bespannung der Wände und der Möbelstücke verwendet worden ist, harmonieren vorzüglich mit den Möbelstücken im "Bull"-Stil. Das Arbeitszimmer der Kaiserin und ihr Boudoir werden durch das Kam-

139

139. *Private Hausseite. Gästezimmer. Durchgangsteil*

140

140. *Private Hausseite. Boudoir der Kaiserin*

141. *Private Hausseite. Eine Uhr aus dem Boudoir der Kaiserin. Erste Hälfte des 19. Jahrhunderts. Frankreich*

142, 143. *Private Hausseite. Arbeitszimmer des Kaisers*

merjungferzimmer miteinander verbunden, in dem die Fräuleins ihren Dienst versahen. Die Wände dieses Zimmers sind mit Nußbaumholzplatten verkleidet und mit dekorativen Bemalungen vor dem roten Hintergrund versehen. Interessant ist eine Vase aus weißem Marmor in Form von drei Grazien, welche einen Blumenkorb unterstützen.

Das Boudoir der Kaiserin ist in silbrig-rosafarbenen Tönen gestaltet worden. Die Wände, die Möbelstücke und die Fensterdrapierungen sind aus einem Stoff gefertigt, der das gleiche Muster und die gleiche Farbe aufweist. Der Kamin des Boudoirs ist mit Malachit verkleidet. Er scheint aus einem einzigen monolithischen Stück gehauen zu sein: So harmonisch sind die kleineren Malachitplättchen ihrer Farbe und ihrem Muster nach von den großartigen Meistern der Jekaterinburger Steinschleiffabrik ausgewählt und aneinander gefügt worden. Verziert wird der Kamin durch eine Bronzeuhr, deren Emailerund einen Kalender darstellt, welcher den jeweiligen Monat, den jeweiligen Tag der Woche und die jeweilige Mondphasis anzeigt.

Das einstige Schlafgemach ist in blauen Tönen gehalten worden, was nach Vorstellung der Dekorationskünstler an einen wolkenlosen nächtlichen Himmel erinnern soll. Wundervoll ist der Kamin aus weißem Carraramarmor, den eine Uhr schmückt. Vom Arbeitszimmer des Kaisers wird

141

143

142

das Schlafgemach durch einen kleineren Raum getrennt, dessen Wände mit grünem Stoff tapeziert und mit Platten aus Eschenholz verkleidet sind.

Das Arbeitszimmer des Kaisers sieht streng und offiziell aus. Die Wände sind mit Eschenholz verkleidet. Die Möbelstücke aus Birkenmasern sind mit schwarzem Leder bespannt.

Die Polstermöbel im Vorzimmer des Kaisers sind mit geschorenem Samt bezogen: Die Farbschattierungen dieses Stoffes ändern sich je nach den Beleuchtungsverhältnissen. Der Stoff ist in der Fabrik G.G.Saposhnikows in Moskau gefertigt worden.

Gegenwärtig werden alle diese Gemächer sorgsam gepflegt und nur in seltenen Fällen für den Empfang hoher ausländischer Gäste genutzt.

VERGNÜGUNGSPALAST. STAATLICHER KREMLPALAST

Bei dem Vergnügungspalast, der zwischen dem Dreifaltigkeitsturm und dem Kommandantenturm liegt, handelt es sich um das einzige erhalten gebliebene Muster von Bojarengemächern im Kreml. Er ist im Jahre 1652 als Wohngemächer des Bojaren I.D.Miloslawski errichtet worden. Später ist er vom Fiskus vereinnahmt und durch einen Übergang mit dem Zarenpalast verbunden worden. In den Jahren 1672 – 1676 wurden in diesem Palast Theaterstücke ("Vergnügen") aufgeführt, was ihm denn auch zu seinem Namen verhalf. Seit 1679 diente er als Wohnraum für die Mitglieder der Zarenfamilie. Ende des 17. Jahrhunderts brachte man dort das Polizeiamt unter, und im Jahre 1806 baute ihn I.W.Jegotow zum Wohnhaus und zur Kanzlei des Kommandanten von Moskau um und verzierte dabei das Bauwerk mit pseudogotischen Details. Während der Renovierungsarbeiten am Gebäude in den Jahren 1874 – 1875 bemühte sich N.A.Schochin, dem Palast sein ursprüngliches Aussehen wiederzugeben.

In den Jahren 1960 – 1961 ist das letzte bedeutende Bauwerk im Kreml, nämlich der Staatliche Kremlpalast, errichtet worden, der sich in der Nähe des Dreifaltigkeitsturmes an der Stelle befindet, an der das alte Gebäude der Rüstkammer sowie eine Reihe von Dienstgebäuden gestanden haben. Das auf dem Grundriß viereckige Gebäude, das mehr als 800 verschiedene Räume zählt, ist 29 m hoch und 15 m tief in den Boden versenkt worden. Der Palast war für die Durchführung von Parteitagen der KPdSU und internationalen Tagungen bestimmt. Zur Zeit wird der Staatliche Kremlpalast vorwiegend für Konzertveranstaltungen sowie als Bühne für Ballett- und Opernaufführungen genutzt.

144

145

144. *Vergnügungspalast. 1652*

145. *Staatlicher Kremlpalast. 1960 – 1961. Architekten: M.W.Possochin, A.A.Mdojanz u.a.*

146

147

RÜSTKAMMER

Bei der Rüstkammer handelt es sich um das älteste Museum Rußlands, um eine Schatzkammer von weltweiter Bedeutung, in der Kunstwerte aus neun Jahrhunderten zusammengetragen worden sind. Die Kollektionen spiegeln die wichtigsten Entwicklungsetappen des Russischen Staates, die Geschichte der inländischen und der ausländischen Kultur wider.

In mehr als fünf Jahrhunderten, die seit dem Bestehen der Rüstkammer ins Land gezogen sind, haben sich ihre Funktionen gewandelt: Außer der Aufbewahrug der Regalien, der Zeichen der Monarchenwürde, leitete sie mitunter die Tätigkeit von Werkstätten unterschiedlichsten Profils, in denen talentierte Meister im Auftrage der Herrscher und der Hierarchen der Kirche enorme Mengen an Gegenständen für den kirchlichen Bedarf anfertigten: Beschläge für das Evangelium und Ikonen, Kelche für den Kirchenwein, Kreuze, Weihrauchgefäße, Panagione und anderes mehr, ferner Gegenstände, die zum prunkvollen Alltag am Hofe gehörten, Geschirr, Schalen, Humpen, Becher.

146. *Gebäude der Rüstkammer. 1851. Architekt: K.A. Ton*

147. *Rüstkammer. Paradevorhalle und Paradetreppe*

148. *Rüstkammer. Russische Gold- und Silbererzeugnisse aus dem 12. – 17. Jahrhundert*

In den ersten Jahrhunderten des Bestehens der Rüstkammer hat es dort keine uns gewohnten Ausstellungssäle, verglasten Vitrinen und angestrahlten Podien gegeben. Die Schätze wurden weitaus wirkungsvoller vorgeführt. Gänsefedern der Rechnungsführer der Rüstkammer haben uns in den Büchern, in denen die Aufzüge des Zaren festgehalten worden sind, die Vorstellung davon vermittelt, welche wertvolle Gewänder der Monarch angehabt, was für ein Kranz sein Haupt gekrönt, für was für einen Stab sich der Selbstherrscher beim Empfang ausländischer Botschafter entschieden habe, und die Begeisterung, die von Ausländern in ihren Chroniken im Zusammenhang mit den von ihnen erblickten Regalien, Gold- und Silbergeschirr und Edelsteinen, die an den Galawaffen erstrahlten, zum Ausdruck gebracht wurde, ähnelt jenem Entzücken, das die Besucher der Rüstkammer auch in unseren Tagen packt. Wenn in den verflossenen Jahrhunderten die Botschaften unter Klirren der "wohlklingenden" Silberketten von prunkvoll gekleideten Reitern hoch zu Roß empfangen wurden, wobei das Pferdegeschirr ein Meisterwerk der Juwelierkunst darstellte, so werden in unseren Tagen die hohen Gäste Rußlands dazu aufgefordert, die gleichen Schönheiten in den Sälen der Rüstkammer zu bewundern.

Das Museum befindet sich in einem Gebäude, welches nach einem Projekt des Architekten K.A. Ton im Jahre 1851 speziell zu diesem Zweck errichtet worden ist. Die ständige Exposition nimmt neun Säle, vier im Erdgeschoß und fünf im Obergeschoß, ein.

148

149. *Eine Kette, eine Münze, die am Halse getragen wurde, und zwei Armbänder aus dem Schatz von Sudsha. 4. - 5. Jahrhundert. Nördliches Schwarzmeergebiet*

Im ersten Saal der Rüstkammer wird eine zwar nicht besonders große, jedoch überaus wertvolle Kollektion von Denkmälern der byzantinischen Kunst aus dem 4. bis 15. Jahrhundert präsentiert.

Aufschlußreich sind Gegenstände aus einem Schatz, welcher im Jahre 1927 am Oberlauf des

150. *Die Barmen aus dem Schatz von Rjasan. 12. Jahrhundert*

151. *Anhängsel. 12. – 13. Jahrhundert. Die Alte Rus*

149
150

151
152

152. *Sternenförmiger Frauenschmuck, „Kolt" genannt, aus dem Schatz von Tula. 12. Jahrhundert. Die Alte Rus*

153

155

154

156

153. *Kästchen. 1589 Werkstätten des Moskauer Kremls*

154. *Weihrauchgefäß. 1598. Werkstätten des Moskauer Kremls*

Flusses Sudsha entdeckt worden ist: eine Kette, eine Münze, die am Halse getragen wurde, und zwei Armbänder sowie ein vergoldeter Silberkrug mit der Darstellung von neun Musen.

Zu den einmaligen Denkmälern des Juwelierhandwerks der Rus aus der Zeit vor der mongolischen Invasion gehören die Gegenstände, die man im Jahre 1822 an der Stelle des Alten Rjasan gefunden hat.

Ein überaus wertvolles Denkmal des Fürstentums Wladimir und Susdal ist ein Silberkelch aus den 20er bis 30er Jahren des 13. Jahrhunderts, in dem die heiligen Sakramente emporgehoben wurden. Die Angemessenheit der Formen, die Stufenlosigkeit der Linien, die wohlüberlegte Einfachheit und die feine Ausführung der Ornamente verhelfen dem Gefäß für heilige Sakramente zum feierlichen Aussehen.

In zwei Vitrinen des ersten Saals sind Werke Moskauer Meister aus dem 15. Jahrhundert vertreten. Ein überaus seltenes Denkmal jener Zeit stellt das "Morosow"-Evangelium dar. Es wird angenommen, daß dieses Evangelium im Auftrage des Metropoliten Fotij für die Mariä-Himmelfahrts-Kathedrale des Moskauer Kremls gefertigt worden sei.

Im 16. Jahrhundert hat sich Moskau zu einem der führenden Zentren der Fertigung von Gold- und Silbererzeugnissen entwickelt. Einen hohen künstlerischen Wert stellt eine Gruppe von Gegenständen des kirchlichen Bedarfes dar: ein Weihrauchgefäß, ein Kelch, in dem die heiligen Sakramente emporgehoben wurden, ein Diskos mit Asteriscus sowie zwei Teller, die im Auftrage der Zarin Irina Godunowa im Jahre 1598 als Schenkung an die Erzengel-Kathedrale des Moskauer Kremls gefertigt worden sind. Durch eine besonders prunkvolle Gestaltung zeichnet sich das Weihrauchgefäß aus, das in Form einer einkuppeligen Kirche ausgeführt und mit Edelsteinen sowie mit geschwärzten Darstellungen von Aposteln und Heiligen verziert worden ist, welche die gleichen Namen wie die Mitglieder der Zarenfamilie haben.

Im 16. Jahrhundert beginnt die Wiedergeburt der Emailtechnik. Als eindrucksvolles Beispiel dafür kann die Verkleidung der Ikone des himmlischen Schirmherren des Zarewitschs Iwan Iwanowitsch aus dem Jahre 1554 dienen. Bemerkenswert ist die prunkvolle Goldeinfassung für das handgeschriebene Evangelium aus dem Jahre 1571, eine Schenkung des Zaren Iwan des Schrecklichen an die Mariä-Verkündigungs-Kathedrale des Moskauer Kremls.

In der Sammlung der Rüstkammer befindet sich die vollständigste Kollektion von Erzeugnissen russischer Meister aus dem 17. Jahrhundert. Gold- und Silbergeschirr, mit Edelsteinen und Perlen geschmückt: Schöpfkellen, Humpen, Schalen, Becher und Pokale, sie alle vermitteln

157. *Kasten.*
11. Jahrhundert. Byzanz

158. *Einfassung der Ikone „Gottesmutter von Smolensk". Ende des 16. Jahrhunderts. Moskau*

157

158

155. *Einfassung der Ikone „Gottesmutter des Erbarmens (Eleusa)". Moskau. Erstes Drittel des 17. Jahrhunderts*

156. *Weihrauchgefäß aus dem Kloster „Nikolo-Pesnoschski". Ende des 15. Jahrhunderts*

159. *Westeuropäisches Silber. 13. – 19. Jahrhundert*

den Eindruck vom Prunk des Palastalltags am Hofe jener Zeit.

An der Schwelle des 17. und 18. Jahrhunderts zeichnete sich eine Annäherung der russischen Kultur und der westeuropäischen Kulturen ab, die mit den Umgestaltungen Peters I zusammenhing. Die weitere Entwicklung der russischen Kunst unterlag nun den gleichen wichtigsten Gesetzmäßigkeiten wie auch die Kunst Westeuropas. Es änderten sich die traditionellen For-

von P. Owtschinnikow, W. Semjonow, um bloß einige davon zu nennen, besonders bekannt sind. Einen weltweiten Ruf erlangte die Firma Faberge, in der Figürchen aus Halbedelsteinen und Stein, das im Kunstgewerbe verarbeitet wird, Tabakdosen, Puderdosen, Schmuckstücke u.a.m. gefertigt wurden. Die Juweliere dieser Firma zeichneten sich unter den anderen Meistern ihrer Zunft durch raffiniertes Können bei der Fertigung von sogenannten "Ostereiern mit überraschung" aus,

159

160. *Evangelium. Einfassung. 1794. Sankt-Petersburg*

161. *„Potir". 1664. Werkstätten des Moskauer Kremls*

men von Gefäßen, es änderte sich auch deren Zweckbestimmung. So büßten die alten schiffähnlichen Schöpfkellen ihre Bestimmung als Trinkgefäß ein und wurden nunmehr ausschließlich als Auszeichnung verwendet.

Im 19. Jahrhundert änderte sich auch die Organisation der Produktion von Schmuckstücken: In Moskau und Sankt-Petersburg entstehen Vereinigungen, unter denen die Firmen von C. Faberge, P. Sasikow, I. Chlebnikow, die Fabriken

die als Geschenk zu Ostern präsentiert wurden.

Die Denkmäler, die über die Meisterschaft der Waffenschmiede im 12. – 19. Jahrhundert Aufschluß geben, sind Zeugen bedeutendster historischer Ereignisse. Die Rüstkammer ist eine Schatzkammer beim Hofe gewesen, und daher sind alle Muster von russischen, westeuropäischen und orientalischen Kampf-, Zeremonie- und Jagdwaffen reichlich verziert, wobei alle nur möglichen Methoden der kunstvollen Metall-

160

162

162. *Evangelium. 1603. Moskau*

161

163

163. *Schöpfkelle des Zaren Michail Fjodorowitsch. 1618. Werkstätten des Moskauer Kremls*

164. *Ikone „Dreifaltigkeit" in Einfassung. 1672 – 1682. Werkstätten des Moskauer Kremls*

165. *„Bratina"* (großer Humpen). *Zweites Viertel des 17. Jahrhunderts*

166. *Konfektschale. 1633 – 1640. Ausschnitt*

167. *Kästchen. Ende des 17. Jahrhunderts. Solwytschegodsk (Rußland)*

168. *Ei mit einem Modell des Alexander-Schlosses. 1908. Sankt-Petersburg. Firma C. Faberge*

164

166

165

167

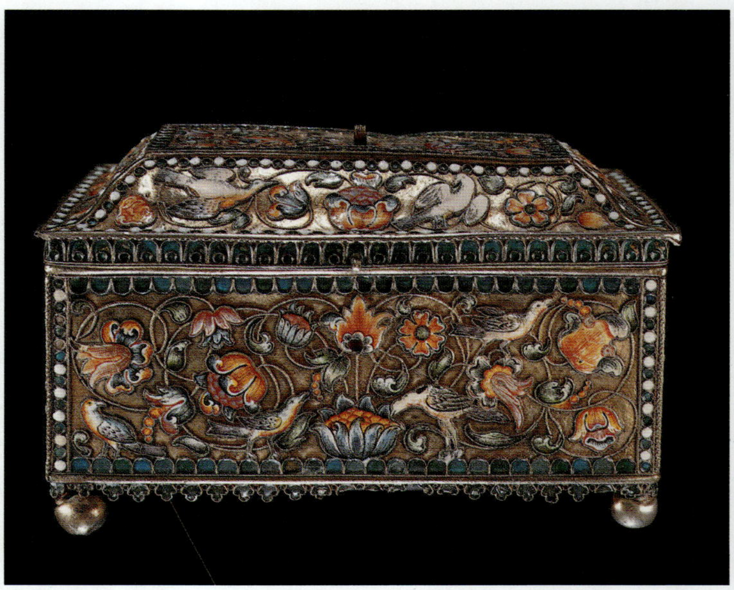

168

170

169. *Ei „300 jähriges Jubiläum der Romanow-Dynastie". 1913. Sankt-Petersburg. Firma C.Faberge*

170. *Eiuhr in Form von Vase mit einem Lilienstrauß. 1899. Sankt-Petersburg. Firma C. Faberge*

171. *Ei „Der Moskauer Kreml". 1904. Sankt-Petersburg. Firma C.Faberge*

169

171

bearbeitung sowie Einlegearbeiten unter Einsatz von Edelsteinen, Perlmutter und Elfenbein Anwendung gefunden haben.

In der Rüstkammer wird eine Kollektion von Ritterpanzern, blanken Waffen sowie Feuerwaffen, gefertigt von westeuropäischen Meistern im 15. – 19. Jahrhundert, präsentiert. Den Mittelpunkt der Exposition bildet die vollständige Paraderüstung für einen Reiter und dessen Roß, die von K. Lochner, einem Meister aus Nürnberg, gefertigt worden ist. Sie ist im Jahre 1584 vom polnischen König Stephan Bathory als Geschenk für den Zaren Fjodor Ioannowitsch geschickt worden.

In der Sammlung orientalischer Waffen überwiegen Erzeugnisse persischer und türkischer Waffenschmiede aus dem 16. – 17. Jahrhundert, Dolche, Säbel, Schilder, Saadaks (Fütterlae, Überzüge über die Bögen), ein Helm. Einen besonders hohen künstlerischen Wert besitzt ein Schutzschild aus dem 16. Jahrhundert, ein persisches Erzeugnis, das F.I. Mstislawski gehört hat.

Einen bedeutenden Teil der Waffensammlung bildet die Kollektion russischer Rüstungen aus dem 12. – 17. Jahrhundert. Unter anderem sind darin ein überaus alter Helm, gefertigt Ende des 12.- Anfang des 13. Jahrhunderts, der dem Fürsten Jaroslaw Wsewolodowitsch, dem Vater von Alexander Newski, gehört heit, der Paradehelm des Zaren Michail Romanow, gefertigt vom talentierten Meister Nikita Dawydow, die berühmten Kettenhemden und die Bajdana (langes Kettenhemd) des Zaren Boris Godunow, der Säbel des Fürsten Dmitri Posharski, russische militärische Ehrenauszeichnungen und Orden zu sehen. Die meisten Gegenstände sind von den Waffenmeistern des Moskauer Kremls gefertigt worden.

Einen wichtigen Platz nehmen in der Kollektion Waffen ein, die im 18. – 19. Jahrhundert in solchen Zentren wie Tula, Sankt-Petersburg,

172. *Ausschnitt der Exposition europäischer Galarüstungen. Saal 3*

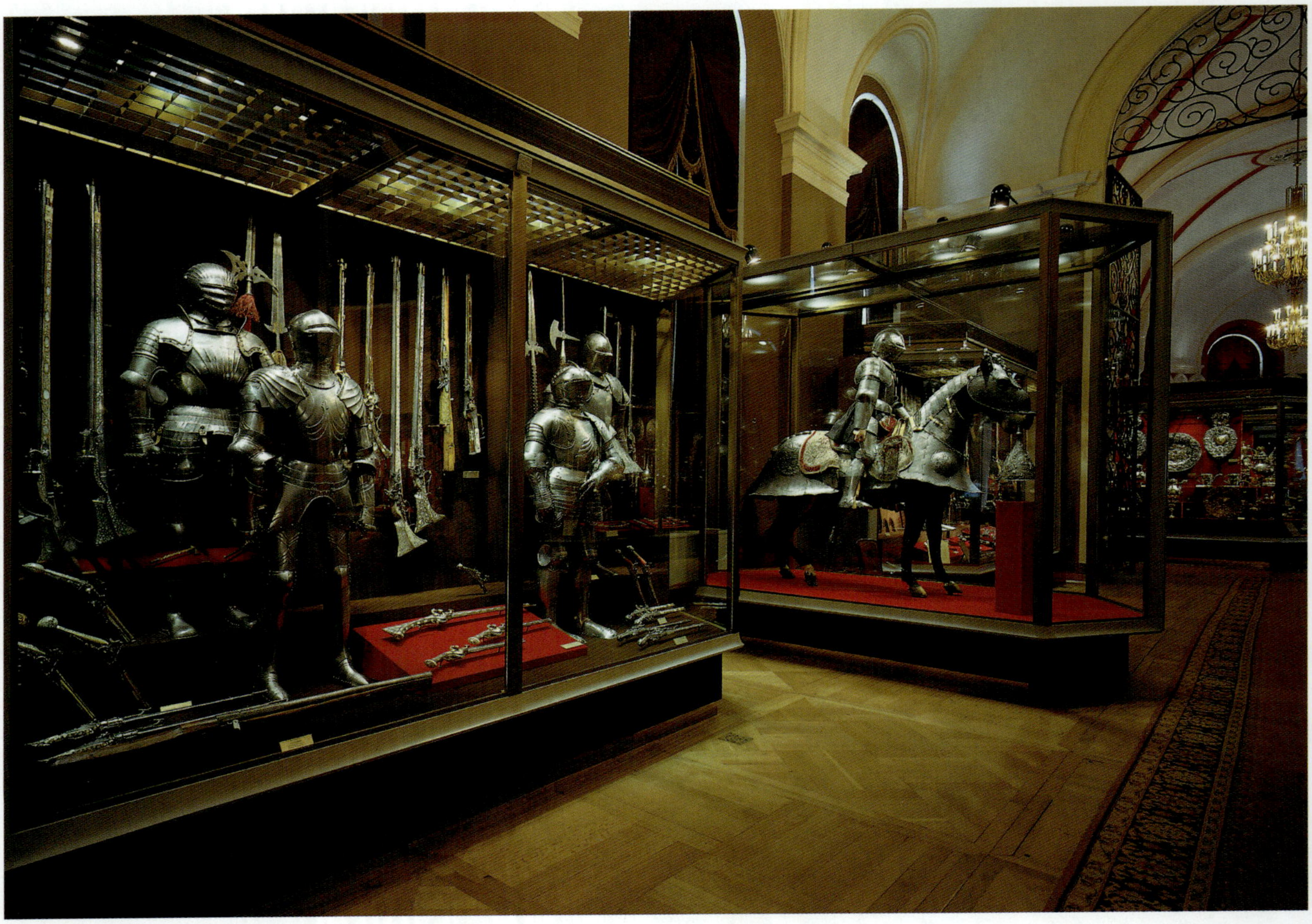

172

173

174

175

173 – 175. *Russische Rüstungen aus dem 12. – 17. Jahrhundert. Saal 4*

176. *Westeuropäisches Silber. 13. – 19. Jahrhundert. Saal 5*

176

177. *Reliquienkasten und Behältnis für Aromaharze. 13. Jahrhundert. Limoges (Frankreich)*

Sestrorezk, Olonez und Slatoust gefertigt worden sind.

Im gleichen Saal werden Rüstungen und Kriegsgerät exponiert, die in der Schlacht bei Poltawa im Jahre 1709 erbeutet worden sind, darunter die komplette Jagdausrüstung des schwedischen Königs Karl XII.

In der Rüstkammer wird eine der reichhaltigsten Sammlungen der kunstvollen Silbererzeugnisse aus England, Holland, Dänemark, Polen, Schweden, Deutschland und Frankreich aus dem 13. – 19. Jahrhundert aufbewahrt.

Den Grundstock dieser Kollektion bilden die diplomatischen und die Handelsgeschenke, die russischen Herrschern überreicht worden sind und die über politische und geschäftliche Verbindungen Rußlands und über sein zunehmendes internationales Ansehen Aufschluß geben. Um die Wichtigkeit der jeweiligen Botschaftsmission hervorzuheben, schickten europäische und ori-

177

178

178. *Vase. Erste Hälfte des 17. Jahrhunderts*

179. *Gefäß in Form der Gestalt des Königs Karl I hoch zu Roß. Tafelschmuck. Vor 1647. Augsburg (Deutschland)*

180. *Kollektion des englischen Silbers 16. – 17. Jahrhundert*

179

180

entalische Monarchen russischen Herrschern die wertvollsten Silbererzeugnisse, die in Übereinstimmung mit der neuesten Mode gefertigt worden sind, Gegenstände aus natürlichen, nur selten vorkommenden Materialien und Edelsteinen, verarbeitet von den allerbesten Meistern. Konnte sich ja der Zar weigern, die Gaben anzunehmen, wenn er zu der Ansicht gelangte, daß sie seinem Rang nicht entsprächen, was denn auch geschah, wenn als Gabe beispielsweise keine kunstvollen

181

182

181. *„Olymp-Servise“. Anfang des 19. Jahrhunderts. Sevre (Frankreich)*

182. *Speiseeisvase aus dem „Olymp-Service“.*

Erzeugnisse, sondern Geld überreicht wurden. Nach der Etikette jener Zeit durften Höhergestellte Niedrigergestellte mit Geld beschenken, doch auf keinen Fall sollte es in umgekehrter Folge geschehen.

Einen besonderen Platz nimmt in der Sammlung die Kollektion der Erzeugnisse der Silberschmiede Englands aus der Zeit zweite Hälfte des 16. Jahrhunderts – Mitte des 17. Jahrhunderts ein. In keinem anderen Museum der Welt sind sie so reichlich und mannigfaltig vertreten. In England selbst sind zahlreiche Werke der angewandten Kunst aus Silber während der bürgerlichen Revolution von 1640 – 1649 zum Prägen von Münzen verwendet worden.

Im Jahre 1917 schwebte eine reale Gefahr über den Kollektionen der Rüstkammer und über allen kaiserlichen Schätzen, die während des Ersten Weltkrieges aus den Gebieten, in denen Kriegshandlungen ausgetragen wurden, und aus Petrograd hinter die hohen Mauern des Moskauer

183. *Becher. 1650. Augsburg, Deutschland. Handbecken. 1540 – 1560. Antwerpen (Belgien)*

184. *Erzeugnisse aus Naturalien und seltenen Materialien, ausgeführt von deutschen Meistern. 17. Jahrhundert*

185. *Becher. 17. Jahrhundert*

183

185

184

Kremls evakuiert worden waren. Das ganze Gold und alle Brillanten der Eremitage, vieler Museen von Petrograd und Vorortspaläste lagen in verplombten Kisten in der Rüstkammer sowie in den Kellerräumen und Korridoren des Großen Kremlpalastes. Doch in jenen wenigen Tagen des Oktobers und Novembers 1917, da in Moskau Kämpfe tobten, da der Kreml umstellt und aus Geschützen beschossen wurde, verließen die Konservatoren der Rüstkammer ihre Posten nicht, so daß kein einziger Gegenstand verlorengegangen ist.

Zur vorzüglichen Kollektion von Kunstsilber Hollands aus dem 17. Jahrhundert gehören ca. 140 Erzeugnisse, Werke von Meistern Amsterdams, dem Haag, Utrecht und Leiden. Es handelt sich um Erzeugnisse, die als Gabe an den russischen Zaren bestimmt waren, sowie um eine größere Gruppe von Gegenständen, die speziell im Auftrage des Kaufmannes Grigori Stroganow gefertigt worden sind.

Die bedeutendste Botschaftssammlung von Silber stellen Schwedens Gaben dar, die im 17. Jahrhundert bezogen worden sind, da sich die russisch-schwedischen diplomatischen Beziehungen besonders intensiv entwickelt haben. Die Kollektion setzt sich vorwiegend aus Erzeugnissen zusammen, die von den Botschaften der Königin Christine und der Könige Karl X, Karl XI und Karl XII in den Jahren 1647 – 1699 mitgebracht worden sind. Das Gros der Erzeugnisse ist von

186

187

188

186. *Weltliche Kleidung in Rußland 16. Jahrhundert – Anfang des 20. Jahrhunderts*

187. *Sakkos und Stab des Metropoliten Pjotr. 1322. Die Alte Rus*

188. *Sakkos des Patriarchen Nikon. 17. Jahrhundert*

189. *Maskeradenkostüm des Kaisers Nikolaus II. 1903. Moskau*

190. *Krönungkleid. 1742. Moskau. Es hat der Kaiserin Jelisaweta Petrowna gehört*

deutschen Meistern von Nürnberg, Augsburg und Hamburg gefertigt worden, den Städten, in denen die Kunst des Silberhandwerks von Generation zu Generation überliefert wurde.

In der Exposition sind auch Botschaftsgaben Polens und Dänemarks vertreten.

Die Rüstkammer verfügt über eine überaus reiche Sammlung von alten wertvollen Stoffen, kunstvollen Stickereien und Gewändern. Ihr Wert besteht darin, daß die Stoffe, und zwar byzantinische aus dem 14. – 15. Jahrhundert, türkische und persische aus dem 16. - 17. Jahrhundert, westeuropäische aus dem 16. – 18. Jahrhundert im Museum nicht etwa durch einzelne Fragmente, sondern in Form von gut erhaltenen abgeschlossenen Werken: weltlichen und kirchlichen Kleidungsstücken, Tischdecken, Vorhängen, Pferdedecken u. ä. m. vertreten sind, was ihr eine enorme kulturelle und völkerkundliche Bedeutung verleiht.

189

190

191

191. *Krönungsrock des Kaisers Nikolaus II und Krönungskleid der Kaiserin Alexandra Fjodorowna*

Die Kollektion der russischen Vorderseiten- und Ornamentstickereien aus dem 14. – 17. Jahrhundert ist der Stolz der Museumssammlungen. Altardecken, Altartücher, Behänge, Tücher, worauf Christi Grablegung abgebildet ist, mit farbigen Seiden- sowie mit Gold- und Silberfäden und Perlen gestickt, stellen eigenartige Musterbeispiele für die "Malerei mit der Nadel" dar. Das älteste Muster von Ornamentstickerei ist am Sakkos des Metropoliten Pjotr (1322) zu sehen.

Von großer kunsthistorischer Bedeutung ist die Sammlung von weltlichen Kleidern aus dem 16. – 19. Jahrhundert. Dazu gehören der wie durch ein Wunder erhalten gebliebene Pelzmantel des Metropoliten Philipp aus dem hausgewebtem Tuch (16. Jahrhundert), Gewänder russischer Zaren und Kaiser, Krönungskleider der russischen Kaiserinnen von Katharina I bis Alexandra Fjodorowna, Gattin von Nikolaus II, die in Übereinstimmung mit den Forderungen der

192. *Kollektion der staatlichen Regalien und der Gegenstände des Hofzeremonials. 13. – 19. Jahrhundert*

193. *Monomach-Mütze. Ende des 13. – Anfang des 14. Jahrhunderts. Orient. Monomach-Mütze aus dem „zweiten Aufgebot". 1682. Werkstätten des Moskauer Kremls*

194. *Thron Iwans IV (des Schrecklichen). Westeuropa*

192

193

195

194

196

195. *Diamantenthron des Zaren Alexej Michailowitsch. 1658. Iran*

196. *Thron. 1604. Persien. Geschenk des Schachs Abbas I an den Zaren Boris Godunow*

197

197. *Doppelthron der Zaren Iwan Alexejewitsch und Peter Alexejewitsch. 1682 – 1684. Werkstätten des Moskauer Kremls*

198. *Reichsapfel und Szepter des Zaren Alexej Michajlowitsch. Mitte des 17. Jahrhunderts. Istanbul*

199. *Diamantenmütze des Zaren Iwan Alexejewitsch. 80er Jahre des 17. Jahrhunderts. Werkstätten des Moskauer Kremls*

198

200. *Diamantenmütze des Zaren Peter Alexejewitsch. 1682 - 1687. Werkstätten des Moskauer Kremls*

199

200

europäischen Mode jener Zeit genäht worden sind.

Rußlands nationaler Stolz ist die Sammlung der staatlichen Regalien (Kränze, Kronen, Szepter, Throne, Staatsschild und –schwert, Ketten und Kreuze) und der Gegenstände des Hofzeremonials aus dem 13. – 19. Jahrhunderts.

Symbole der Staatsmacht, geheiligte Reliquien, wurden sie geerbt und behaupteten die Kontinuität und die Unerschütterlichkeit des obersten Einzelleiterprinzips. In ihnen spiegelt

201

Die berühmte Monomach-Mütze, ein Kranz aus der Zeit Ende des 13. – Anfang des 14. Jahrhunderts, die Kasaner Münze, der Kranz des Zaren Iwan des Schrecklichen, der Große Staat, Kranz, Szepter und Reichsapfel, im 17. Jahrhundert für den Zaren Michail Fjodorowitsch gefertigt, die Monomach-Mütze vom zweiten Aufgebot, für die Krönung Peters I gefertigt, die Krone der Kaiserin Anna Ioannowna aus dem Jahre 1740 sind wahre Musterbeispiele der Juwelierkunst.

Einen wichtigen Platz bei festlichen Zeremonien nahmen die reichlich verzierten Throne ein. Der älteste Thron der Sammlung, der mit dem 16. Jahrhundert datiert wird und der dem Zaren Iwan dem Schrecklichen gehört hat, der Thron des Zaren Michail Fjodorowitsch und der Diamantenthron des Zaren Alexej Michailowitsch sind während der Krönungsfeierlichkeiten bis zum Jahr 1896 benutzt worden.

201. *Staatsschwert und Staatsschild. Ende des 17. Jahrhunderts. Moskau*

202. *Krone der Kaiserin Anna Ioanowna. 1730 – 1731. Sankt-Petersburg*

203. *Thronsessel der Kaiserin Jelisaweta Petrowna. 1740 – 1742. Sankt-Petersburg. Thronsessel des Kaisers Pawel. 1799 – 1801*

202

203

sich die gesamte Geschichte des Russischen Staates wider, sie sind Zeugen von wichtigsten politischen Ereignissen.

Die besondere Bedeutsamkeit der Inthronisationen und Krönungen diktierte die Notwendigkeit, die Machtinsignien mit außergewöhnlichem Prunk auszuführen, von denen viele, was die Schönheit, die Raffinesse der Ausführung und die seltenen Edelsteine, welche sie verzieren, anbelangt, in den Sammlungen der Welt ihresgleichen suchen.

204

206

207

206. *Sattel. Mitte des 17. Jahrhunderts. Gdansk (Polen)*

207. *„Reschma“* (metallener Zierrat am Pferdezaum) *und Steigbügel aus dem Galareitzeug für das Zarenpferd. 13. Jahrhundert. Türkei*

204, 205. *Exposition der Equipagen. 16. – 18. Jahrhundert. Saal 9*

In der Rüstkammer ist eine der besten Sammlungen der Paradekutschen aus dem 16. – 18. Jahrhundert in der ganzen Welt vertreten, die es möglich macht, sich mit der Entwicklung des Wagenbaus in Rußland und in den Ländern Westeuropas vertraut zu machen. Die von den besten Meistern Rußlands, Deutschlands, Englands, Frankreichs und Österreichs gefertigten Kaleschen sind sowohl durch ihre technische Einrichtung als auch durch ihre kunstvolle Gestaltung interessant. Der älteste Wagen der Sammlung ist die in England gearbeitete Kutsche, ein Geschenk des Königs von England Jakob I dem Zaren Boris Godunow aus dem Jahre 1603.

Einmalig ist die Kollektion des festlichen Pferdegeschirrs aus dem 16. – 18. Jahrhundert, deren Exponate den Nachweis dafür erbringen, was für große Bedeutung der Zeremonie des feierlichen Aufzuges des Zaren und dem Empfang von Botschaften beigemessen wurde. Die Parade-

205

208. *Kutsche. 1721. Paris*

208

209. *Kutschenkarosse. 1754. Paris (Frankreich). Geschenk des Grafen K.G.Rasumowski an die Kaiserin Jelisaweta Petrowna*

210. *Schlittenkutsche für die Winterzeit. Erste Hälfte des 18. Jahrhunderts. Sankt-Petersburg*

210

209

sattel, -zäume und andere Gegenstände, die zum Pferdegeschirr gehören, wurden mit außergewönlichem Prunk gefertigt. Sie wurden kunstvoll mit Goldbeschlägen, Edelsteinen, farbenfrohen Emailarbeiten, Reliefprägungen, samtenen Schwärzungen und feinen Gravierarbeiten verziert. Die Pferdedecken wurden aus Seiden-, Samt- und Brockatstoffen genäht und mit Perlen, Gold- und Silberfäden bestickt. Oft dienten Gegenstände des reichen Pferdegeschirrs als diplomatische Geschenke. In der Rüstkammer werden seltene komplette Pferdegeschirre, Werke polnischer, deutscher, türkischer, iranischer, chinesischer und englischer Meister, sowie Erzeugnisse aus Kaukasien und Mittelasien aufbewahrt.

211, 216. *Sommerwagen und ein Detail seiner Verzierung.. 70er Jahre des 18. Jahrhunderts. England. Geschenk des Grafen Grigori Orlow an Katharina II*

212, 215. *Kutsche und ein Detail ihrer Verzierung. 1746. Berlin. Geschenk des preußischen Königs Friedrich II an die Kaiserin Jelisaweta*

211

212

213

213. *Ausschnitt der Verzierung der Karosserie vom zweisitzigen Wagen, den der englische König Jakob I dem Zaren Boris Godunow im Jahre 1603 geschenkt hat*

214

215

216

214. *„Spielwagen" für die Sommerzeit. 1690 – 1692. Werkstätten des Stallamtes des Moskauer Kremls*

217. *Große Kaiserkrone. 1762. Sankt-Petersburg*

218. *Reichsapfel und Szepter. 1762. Sankt-Petersburg*

217

218

219

219. *Armband. Zweite Hälfte des 19. Jahrhunderts*

220. *Stern des Ordens des Heiligen Andreas des Erstgerufenen. 1805 – 1815*

220

221

221. *Zeichen des Ordens des Heiligen Andreas des Erstgerufenen mit einem Detail der Ordenskette. Ende des 18. Jahrhunderts*

DIAMANTENFONDS

Im Jahre 1967 wurde im Gebäude der Rüstkammer die Ausstellung "Diamantenfonds" eröffnet. Es handelt sich um die indessen weltbekannte Sammlung seltener Edelsteine, Meisterwerke der Juwelierkunst sowie Stufen von gediegenem Platin und Gold. Die Schätze des Diamantenfonds bilden einen Teil des Nationalvermögens unseres Staates, und seit 1922 stehen sie in der Verfügungsgewalt des Staatlichen Aufbewahrungsortes für Wertgegenstände (GOCHRAN genannt) beim Ministerium für Finanzen der Russischen Föderation.

Den Grundstock dieser Schatzkammer bilden Schmuckstücke, die für den Zarenhof gefertigt worden sind, sowie Attribute der kaiserlichen Macht, die als Eigentum der "Krone", d.h. des Staates, gegolten haben, und daher als "Kronenschätze" bezeichnet werden. Eingeleitet wurde die staatliche Aufbewahrung der Kronenschätze durch einen Erlaß Peters I aus dem Jahre 1719, wonach die Regalien (Machtsymbole) zu Dingen erklärt wurden, die Rußlands Ruhm und Stolz ausmachten. Die Regalienkollektion im Diamantenfonds setzt sich aus der Großen und der

222. *Turmalin, das der schwedische König Gustav III der Kaiserin Katharina II im Jahre 1777 geschenkt hat*

223. *Zeichen des Ordens des Goldenen Vließes. Mitte des 19. Jahrhunderts*

Kleinen Krone, dem Reichsapfel, dem Szepter, der Großen Kette mit dem Zeichen des Ordens des Heiligen Apostels Andreas des Erstgerufenen, dem Stern dieses Ordens und der Agraffe, die den Krönungsmantel zusammenhielt.

Alle diese Gegenstände besitzen einen enormen künstlerischen, historischen und materiellen Wert. Nahezu unverändert wurden sie bei allen Inthronisationen bis hin zu der Krönung des Kaisers Nikolaus II im Jahre 1896 verwendet.

Zu einem Höhepunkt der kreativen Phantasie, der Schönheit, des Prunks und des virtuosen Könnens wurde die Große Kaiserkrone, die

224. *Epaulette. Zweite Hälfte des 17. Jahrhunderts*

225. *Brosche. Zweite Hälfte des 18. Jahrhunderts*

226. *Bruststrauß. Ca. 1770*

222

224

223

225

im Jahre 1762 für die Inthronisation Katharinas II gefertigt worden ist. Sie wird verziert mit rund fünftausend Brillanten, die ein großartiges Muster aus Lorbeer- und Eichenzweigen und dem rombusartigem Netz bilden. Das Strahlen der Brillanten wird durch zwei Reihen schimmernder Perlen hervorgehoben. Gekrönt wird das Ganze mit einem riesengroßen Stein roter Farbe, dem zweitgrößten in der Welt, dem edlen Spinell mit einem Gewicht von fast 400 Karat.

226

228

227

229

227. *Großer Strauß. Ca. 1760*

228. *Diadem. Ca. 1810*

229. *Diadem „Russische Schönheit“, gefertigt nach Motiven von Schmuck aus der Zeit Anfang des 19. Jahrhunderts. 1987*

Den Stolz der Kollektion bildet der weltbekannte Diamant "Orlow" mit einem Gewicht von 189 Karat, einer der größten geschliffenen Diamanten. Er schmückt das Staatsszepter.

Weltliche Schmuckstücke faszinieren durch Mannigfaltigkeit der Formen, durch Kombination der strahlenden Brillanten mit roten Rubinen und Spinellen, blauen Saphiren und grünen Smaragden. Es handelt sich um Diademe, Haarnadeln, Broschen, Miedersträuße, Ohrringe und Juwele, die am Kostüm angenäht wurden. Die künstlerische Bedeutung eines jeden dieser Werke ist unübertroffen.

Unter den sieben sogenannten "historischen" Steinen sieht man den berühmten Diamanten "Schah". Sein Wert besteht in den drei Unterschriften mit den Namen der jeweiligen Besitzer und den Daten, von denen das erste 1591 lautet. Nach Rußland wurde er im Jahre 1829 zusammen mit anderen Geschenken des Schahs von Persien gebracht, die als Entschuldigung für den Mord am russischen Gesandten A.S.Gribojedow in Teheran geschickt worden waren.

Neben den geschichtlichen Werten kann man in den Vitrinen der Ausstellung neuzeitliche Schmuckstücke erblicken, welche von Meistern

230

230. *„Rose“. Brosche. 1970*

231. *„Russisches Feld“. Diadem. 1980*

232. *Kollier. 1974. Armband. 1977*

233. *Goldklumpen „Kamel“. 1974. Kolyma. Gewicht: 9,288 kg. Feingehalt 843o*

232

231

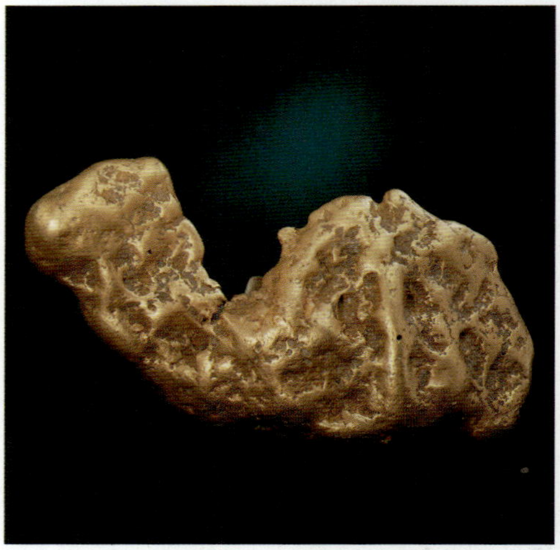

233

des Experimentallaboratoriums von GOCHRAN der Russischen Föderation gefertigt worden sind. Indem seine Mitarbeiter die besten Traditionen der russischen Juwelierkunst wahren und fortsetzen, lassen sie virtuos gefertigte Ausstellungsstücke mit Brillanten und farbigen Edelsteinen seltener Qualität entstehen.

Nur in der Ausstellung "Diamantenfonds" kann man so viele ungeschliffene jakutische Diamanten sehen, die wegen ihrer außergewöhnlichen Größe einen Namen haben. Unter ihnen befinden sich solche Riesen wie "Alexander Puschkin", 370 Karat schwer, "Swobodnaja Rossija" ("Das freie Rußland"), 242 Karat schwer, "Der XXVI. Parteitag der KPdSU", 342 Karat schwer, um bloß einige davon zu nennen.

Von enormem Wert ist die Kollektion von gediegenen Edelmetallstufen, zu der 20 Platinstufen und 100 Goldstufen gehören und die in der ganzen Welt ihresgleichen sucht.

234

235

234, 235. *Arsenal.*
1786 – 1795

ARSENALGEBÄUDE

Das Arsenalgebäude befindet sich an der westlichen Kremlmauer zwischen dem Dreifaltigkeitsturm und dem Arsenaleckturm. Mit der Errichtung dieses Gebäudes wurde im Jahre 1702 unter Peter I begonnen, der die Absicht hatte, das Arsenal nicht nur zum Waffenlager, sondern auch zum Museum des Kampfesruhmes der russischen Waffen werden zu lassen. Die Bauarbeiten wurden mit größeren Unterbrechungen durchgeführt und erst in den Jahren 1786 – 1795 abgeschlossen. Als Franzosen Moskau im Jahre 1812 verließen, sprengten sie das Arsenalgebäude. Durch die Explosionen wurde die Hälfte des Gebäudes zerstört. Der Wiederaufbau des Arsenals fällt in die Jahre 1815 – 1828.

Die Architekturlösung des Arsenals zeichnet sich durch monumentalen Charakter und Schlichtheit aus. Das auf dem Grundriß trapezförmige Gebäude mit einem großen Innenhof und zwei Eingängen ist aus Ziegelstein errichtet und mit weißem Stein dekoriert worden.

Alte russische und ausländische Kanonen, die einen künstlerischen Wert besitzen, wurden an den Mauern des Arsenals im Jahre 1960 aufgestellt. Bis zu jener Zeit hatten sie sich am alten Gebäude der Rüstkammer befunden. Unter den Waffen, die nunmehr die Fassade des Arsenalgebäudes schmücken, sind die Kanonen besonders gut bekannt, die von hervorragenden russischen Waffenmeistern A.Tschochow ("Troil", 1590), M.Ossipow ("Gamajun", 1690) und anderen, gegossen worden sind.

Neben ihnen liegen mehr als 800 Kanonen der Armee Napoleons, die von der russischen Armee während der Verfolgung des zurückweichenden Gegners im Jahre 1812 erbeutet worden sind.

An den beiden Seiten des Einfahrtsbogens des Arsenals sind Gedenktafeln angebracht, die eine von ihnen zur Erinnerung an die revolutionären Soldaten, die im Kreml im Jahre 1917 gefallen sind, und die andere zur Erinnerung an die Sowjetsoldaten, die im Kreml während der Luftangriffe der faschistischen Luftwaffe auf Moskau zu Beginn des Großen Vaterländischen Krieges den Tod gefunden haben.

SENATSPALAST, RESIDENZ DES PRÄSIDENTEN DER RUSSISCHEN FÖDERATION

Das Senatsgebäude gilt mit Fug und Recht als das Musterbeispiel des Klassizismus in der russischen Architektur des 18. Jahrhunderts. Seine Errichtung nach einem Entwurf des Architekten M.F.Kasakow währte von 1776 bis 1787 .

Ursprünglich war das Gebäude für verschiedene Behörden, von denen der Senat die wichtigste war, sowie für Versammlungen des Adels des Gouvernements Moskau bestimmt. Im Jahre 1856 wurde es an das Ministerium für Justiz übergeben. Nach 1918 wurde hier die Sowjetregierung untergebracht, hier befanden sich das

238. *Senatspalast. Galavorhalle*

239. *Senatspalast. Katharinensaal*

238

236

237

236. *Senatspalast. Haupteingang*

237. *Senatspalast, Residenz des Präsidenten der Russischen Föderation*

Arbeitszimmer und die Wohnung W.I. Lenins. Bis zum Jahre 1993 diente es als Sitz des Ministerrates.

Die drei längeren Bauten des Senats bilden ein Dreieck mit drei Innenhöfen. Die Gebäude des Senats, des Arsenals und der Rüstkammer (1806 – 1809) bildeten im Kreml einen neuen Platz, den Senatsplatz, und ein eigenartiges klassisches Ensembles. Der Vorderteil der Senatsfassade bildet die Haupteinfahrt zum Festhof. über dem Fronton des Gebäudes ragt die Kuppel des Ovalen Saals, die sichtlich alle Teile vereinigt.

Der Hauptraum des Senats ist der runde weißblaue Katharinensaal. Der Kuppeldurchmesser beträgt 24,7 m und die Höhe 27 m. Den Saal schmücken Säulen und 48 Basreliefbildnisse russischer Fürsten und Zaren sowie Szenen, die den wichtigsten Taten der Kaiserin Katharina II gewidmet sind. Zu verschiedener Zeit hieß dieser Saal der Weiße, der Katharinen- oder der Swerdlow-Saal. Hier liefen Parteitage der Kommunistischen Partei über die Bühne, hier wurden höchste Staatsauszeichnungen feierlich überreicht.

Der Ovale Saal ist in weißgrünen Farbtönen gehalten worden. In den Nachkriegsjahren hat er als Sitzungsaal des Ministerrates der UdSSR gedient.

Nachdem beschlossen worden war, das Senatsgebäude zur offiziellen Residenz des Präsidenten der Russischen Föderation zu erklären, wurden hier die Rekonstruktion und die umfangreichen Restaurierungsarbeiten ausgeführt, nach deren Abschluß das Senatsgebäude nun als Senatspalast bezeichnet wurde. Das Galadekor der

240

241

242

240. *Bankettsaal der Galazimmerflucht im ersten Obergeschoß*

241. *Audienzsaal der Galazimmerflucht im ersten Obergeschoß*

242. *Wappensaal*

249

250

249. *Ansicht des Lenin-Mausoleums vom Spasskiturm aus. Architekt: A. W. Stschussew*

250. *Nekropole an der Kremlmauer*

248. *Kremlmauern. Der Zaren- und der Spasskiturm. Im Vordergrund: die Richtstätte*

Seit jener Zeit verwandelte sich der Rote Platz in den Hauptplatz unseres Landes.

Im Januar 1924 gleich nach dem Ableben von W.I.Lenin wurde vor dem Senatsturm des Kremls das erste Leninmausoleum (Architekt: A.W.Stschussew) aus Holz errichtet; das zweite Mausoleum, das dieses im Jahre 1924 ablöste, wurde ebenfalls aus Holz erbaut. Schließlich wurde im Jahre 1930 nach einem neuen Entwurf Stschussews ein Marmormausoleum errichtet, dessen Architektur auf altägyptische und altpersische Begräbnisstätten zurückgreift.

Die Nekropole an der Kremlmauer wurde zu einer Beisetzungsstätte für Menschen, die sich um den Staat besonders verdient gemacht hatten. In der Kremlmauer sind Menschen beigesetzt worden, deren Namen sich hoher Achtung nicht nur in Rußland, sondern auch in der ganzen Welt erfreuen, so der erste Raumflieger der Welt Ju.A.Gagarin, der Flieger V.P.Tschkalow, die großen Wissenschaftler I.W.Kurtschatow und M.W.Keldysch, der Konstrukteur S.P.Koroljow, der Schriftsteller A.M.Gorki, namhafte Feldherren, unter denen vor allen Dingen G.K.Shukow zu nennen wäre. Vom Restteil des Roten Platzes wird die Nekropole durch das Leninmausoleum und die Tribünen getrennt.

Im Jahre 1913 wurde zu Ehren des 300. Jahrestages des Hauses Romanow in diesem Garten ein 20 Meter hoher Obelisk errichtet, das im Jahre 1918 in ein Denkmal für große Denker und revolutionäre Sozialisten umfunktioniert wurde. Im Jahre 1967 wurde der Obelisk ein Stück in der Südrichtung verlegt, und an dessen Stelle wurde eine einfache und zugleich majestätische Gedenkstätte "Grab des Unbekannten Soldaten" errichtet, die der Großtat des Sowjetvolkes im Großen Vaterländischen Krieg geweiht ist. Inmitten der Gedenkstätte lodert das Ewige Ruhmesfeuer, unweit davon ragen Porphyrblöcke mit Erde der Heldenstädte. Seit 1997 befindet sich am Grab des Unbekannten Soldaten der Posten Nr. 1 der Ehrenformation.

251

252

253, 254. *Gedenkstätte „Grab des Unbekannten Soldaten".*

253

251. *Alexandergarten*

252. *Grotte im Alexandergarten. Architekt: O.I.Bauvais*

ALEXANDERGARTEN

Der Fluß Neglinnaja, der den Weg zum Kreml vom Westen her versperrte, wurde bis zum 19. Jahrhundert verschmutzt und verseichte, daher wurde er im Jahre 1819 unterhalb des Wiederauferstehungstores von Kitai-gorod durch Gewölbe abgedeckt und mit Erdreich zugeschüttet. An dieser Stelle wurde in den Jahren 1819 – 1823 eine Parkanlage angelegt, die den Namen "Kremlgarten" (seit 1856 "Alexandergarten") erhielt. Betreten wurde der Garten über ein großes gußeisernes Tor. Zu einer Verzierung des Gartens wurde die unweit vom Mittleren Arsenalturm auf einem künstlichen Hügel nach einem Entwurf von O.I.Bauvais errichtete Grotte mit vier Säulen, die auch heute besteht.

254

INHALT

DER MOSKAUER KREML
Album

Verlag "Art-Rodnik", Moskau, 2001